中国证券分析师丛书

一本书读懂
建材行业投资

存量时代龙头崛起

鲍荣富 著

机械工业出版社
CHINA MACHINE PRESS

本书是一本帮助个人投资者和专业投资者快速学习建材行业相关知识与投资分析方法的专业读物，作者为建材行业资深分析师。本书介绍了建材行业的基本概念、研究框架及行业总需求的驱动因素，围绕消费建材、周期建材、工业建材及新材料这三个主要细分板块，从行业需求、竞争格局、财报解读、行业及龙头上市公司复盘等几个维度展开，详细解读了建材行业的投资逻辑。在中国即将迈入存量时代，房龄中位数超过 20 年的大时代背景下，国内龙头建材公司通过产能布局、渠道下沉、品牌及竞争力提升，实现了市占率快速提升，中国股市有望产生建材行业的超级牛股。

图书在版编目（CIP）数据

一本书读懂建材行业投资：存量时代龙头崛起 / 鲍荣富著 . —北京：机械工业出版社，2023.9

（中国证券分析师丛书）

ISBN 978-7-111-73803-9

I. ①一… II. ①鲍… III. ①建筑材料工业 – 股权 – 投资 – 研究报告 – 中国 IV. ① F832.51

中国国家版本馆 CIP 数据核字（2023）第 170557 号

机械工业出版社（北京市百万庄大街 22 号　邮政编码 100037）
策划编辑：王　颖　　　　　　　　　　　责任编辑：王　颖
责任校对：潘　蕊　　丁梦卓　　闫　焱　　责任印制：李　昂
河北宝昌佳彩印刷有限公司印刷
2024 年 1 月第 1 版第 1 次印刷
170mm×230mm・17.25 印张・1 插页・218 千字
标准书号：ISBN 978-7-111-73803-9
定价：88.00 元

电话服务　　　　　　　　网络服务
客服电话：010-88361066　　机　工　官　网：www.cmpbook.com
　　　　　010-88379833　　机　工　官　博：weibo.com/cmp1952
　　　　　010-68326294　　金　书　网：www.golden-book.com
封底无防伪标均为盗版　　机工教育服务网：www.cmpedu.com

| 前　言 |

建材的格局与时代

本书定位为建材行业的应用型研究手册，试图从资本市场证券研究分析的角度建立对建材行业的简明分析框架。

众所周知，建材是中国国民经济重要基础性产业。中国目前已成为全球最大的建筑材料生产国和消费国，水泥、平板玻璃、建筑陶瓷、玻璃纤维以及涂料、防水、管材、石膏板等装修类建材（消费建材）产量多年位居世界第一，其中部分产品占全球总产量的50%以上。

建材行业过去的发展状况及未来发展趋势、当前及未来的竞争格局变迁，均离不开所处的时代背景。建材行业过去20多年的高速发展，具有典型的投资拉动特征，主要受益于中国城镇化、工业现代化及转型升级所带动的房地产及基建的大发展。2000年以来，建材行业的整体收入增速与"基建+地产投资额"加权平均增速基本保持一致。而在新冠疫情影响及房地产增速放缓的新背景下，建材行业整体发展又面临新的挑战与机遇。

在资本市场上建材上市公司的表现亦相当亮眼，无论是周期建材中的海螺水泥、信义玻璃，消费建材中的东方雨虹、伟星新材，还是工业建材及新材料中的中国巨石等，自上市到 2021 年末无论是业绩增幅还是股价涨幅均远超 10 倍。

建材行业牛股辈出有深刻的时代背景：建材行业"坡长雪厚"，整体市场规模上万亿元，主要细分行业市场规模上千亿元，是牛股的沃土；竞争格局体现出"强者恒强"的特征，龙头公司上市后均通过扩规模、扩渠道、扩品类，实现了市占率的快速提升；商业模式持续优化，其中消费建材公司品牌属性日益凸显，通过品牌、渠道、成本、售后服务等建立起强大的"护城河"，部分新材料公司则通过持续的技术创新及降低成本，加速实现对其他品类的替代，而龙头上市公司也借助资本市场的融资与并购实现了规模上的更快扩张。

建材行业及其上市公司未来的"新时代"又会发生怎样的变化，竞争格局又将如何演绎？本书通过国际对标研究，结合对未来行业及市场的综合研判，认为以下三个大趋势对未来建材行业的发展至关重要：

（1）需求结构上，建材需求的主体将逐步从新建建筑转向存量建筑，即进入"存量时代"。存量时代下建材需求增速将基本和整体经济增速保持一致。但存量市场中建材产品及渠道会体现出更强的"消费属性"，具有更强大的品牌效应、更广泛的渠道布局、更完善的售后服务体系的龙头公司优势将更加突出，更容易占领消费者心智，可以实现更稳定和持续的增长。在本书的涂料国际比较部分，我们可以看到涂料龙头宣伟实现了长期持续的快速增长。

（2）龙头公司市场布局从中国走向全球，产业从低端向高端转型仍是大趋势。伴随着中国逐步从建材大国向建材强国迈进，中国建材龙头公司将通过产能扩张、并购等方式加快对全球市场的开拓，在玻璃纤维、工业玻璃行业我们已经可以看到这个趋势。从国内市场来看，部分新材料公司将通过关键领域的技术追赶与超越，加快实现国产替代。

（3）龙头公司市占率将继续加快提升，"大而强""小而美"两种类型的公司将同时存在。伴随着中国房地产及基建投资增速放缓，现有行业龙头公司将通过加快产能扩张、品类扩张、渠道扩张、产业并购等方式，实现规模的进一步扩张，成长为"大而强"的综合性建材公司。同时，由于新材料下游品类及细分行业众多，细分市场的"隐形冠军"将通过在核心领域技术上的领先及渠道的卡位布局，不断强化自身在细分赛道上的竞争优势。

基于以上对建材行业发展趋势的研判，本书将从5章内容展开。第1章主要介绍建材行业的基本概念与研究框架，并解读行业总需求的主要驱动因素。第2、3、4章分别围绕消费建材、周期建材、工业建材及新材料三个主要细分板块，从行业需求、竞争格局、财报解读、行业及龙头上市公司复盘等几个维度展开。第5章是国际对标研究，总量比较部分主要内容是中美存量房市场对标，探讨中国何时进入存量房时代，这也将是消费建材后续发展的核心驱动力。涂料国际比较部分，主要是对中美涂料行业以及主要上市龙头公司宣伟、立邦的对标研究。

本书的研究成果也是过去近10年我所带领的研究团队集体研究成果的结晶。特别感谢天风证券研究所建筑建材团队王涛、武慧东、王雯、林晓龙、熊可为、朱晓辰、任嘉禹、吴红艳对本书的参与及贡献。书中难免存在疏漏及有待商榷之处，欢迎各位读者予以批评指正。

| 目　　录 |

前言

第1章　基本概念与研究框架 / 1

1.1　什么是建材：概念及分类 / 1

1.2　建材产业链及研究框架 / 5

　　1.2.1　消费建材 / 5

　　1.2.2　周期建材 / 10

　　1.2.3　工业建材 / 16

1.3　建材总需求：典型的投资驱动 / 21

第2章　消费建材：存量时代，变革加速 / 23

2.1　历史复盘：消费建材何以牛股辈出 / 23

2.2　市场需求：过去新房驱动，未来存量主导 / 31

　　2.2.1　消费建材下游需求和房地产投资更相关 / 31

　　2.2.2　需求结构：存量房改造有望开辟新蓝海 / 33

　　2.2.3　主要细分赛道均为千亿元市场 / 35

2.3　竞争格局：龙头强者恒强，渠道变革加速 / 47

2.3.1 市占率现状及未来提升路径 / 47

2.3.2 渠道变革加速龙头集中度提升 / 63

2.4 从财报解读核心竞争力：生产看成本，销售看品牌及渠道 / 68

2.4.1 资产结构：板材、建筑五金、防水行业资产较轻，石膏板行业相对重资产 / 68

2.4.2 现金循环周期：涂料、板材、石膏板、防水、管材行业较短 / 69

2.4.3 盈利能力：市占率及 C 端业务占比高的龙头 ROE 更稳定 / 70

2.4.4 核心竞争力：生产看成本，销售看品牌及渠道 / 73

2.4.5 盈利质量：收入、利润及增长质量的探究 / 76

2.4.6 现金流：企业价值创造的源泉，背后是高 ROIC 驱动 / 82

第 3 章 周期建材：规模成本制胜，供给改革新周期 / 87

3.1 水泥：需求总量下行，供给新周期 / 88

3.1.1 水泥需求：短期看库存，中期看房地产，长期看人口 / 88

3.1.2 水泥竞争格局：供给侧结构性改革带动行业进入新周期 / 96

3.1.3 历史复盘：海螺水泥 20 年扩张之路 / 103

3.2 玻璃：龙头规模成本领先及多元扩张 / 126

3.2.1 建筑玻璃：未来增长看竣工及节能改造 / 127

3.2.2 光伏玻璃：未来格局取决于需求与供给的动态平衡 / 136

3.2.3 汽车玻璃：新车存量双拉动，寡头格局稳固 / 140

3.2.4 电子玻璃：国产替代加速，从"柔变"到"叠变" / 144

3.2.5 药用玻璃：中硼硅玻璃渗透率带动量价齐升 / 149

3.2.6 财报解读：龙头企业规模与成本优势持续领先 / 152

3.2.7 龙头复盘：信义玻璃及福莱特成长之路 / 164

第4章　工业建材及新材料：多元需求双碳驱动，国产替代提速 / 174

4.1　玻纤：需求多元驱动，龙头新一轮扩产 / 174
　　4.1.1　市场需求：性价比驱动多元化需求 / 175
　　4.1.2　寡头格局稳固，龙头产能扩张规划较大 / 178
　　4.1.3　财报解读：成本、产能及研发构筑中国巨石核心竞争力 / 181
　　4.1.4　龙头复盘：中国巨石产能扩张及资本市场表现 / 184

4.2　绝热材料：新国标及"双碳"驱动需求扩容 / 189
　　4.2.1　建筑绝热：新国标推动保温材料需求扩容 / 189
　　4.2.2　工业绝热：减碳驱动陶瓷纤维及气凝胶等应用提速 / 190

4.3　碳纤维：需求持续高增长，国产化率不断提升 / 192

4.4　光伏封装新材料：BIPV 催生 TCO 及胶膜需求 / 196
　　4.4.1　BIPV 拉动超薄及 TCO 玻璃需求 / 197
　　4.4.2　胶膜：EVA 膜为当前主流，PVB 膜为 BIPV 最优选 / 205

第5章　建材行业国际对标研究 / 211

5.1　对标美国，中国存量房市场是否到来 / 211
　　5.1.1　中国存量房处于什么时代 / 212
　　5.1.2　房龄：当前或仍处于临界点左侧 / 214
　　5.1.3　中等收入人群比例已达标，但收入水平差距较大 / 216
　　5.1.4　人口结构：处于黄金阶段，但后续存忧 / 217
　　5.1.5　改造市场能成为对冲新建市场下行的力量吗 / 218

5.2　涂料国际比较：千亿市场巨头崛起 / 222
　　5.2.1　全球涂料市场：前十涂企占比约四成，亚太份额提升快 / 222
　　5.2.2　宣伟对标研究：全球涂料市值标杆的成功之道 / 225
　　5.2.3　立邦对标研究：立足亚洲的世界涂料品牌 / 248

参考文献 / 265

| 第1章 |

基本概念与研究框架

1.1 什么是建材：概念及分类

从中国的古长城，到埃及的金字塔，再到罗马的万神殿，当看到这些宏伟建筑经历数千年风雨而屹立不倒，你一定不会忽略构筑这些雄伟建筑的基础——建筑材料。我们现代生活中不断刷新天际线的摩天大楼以及道路、桥梁、水利、海港、国防等基础设施，其基础材料首先要归功于1824年英国建筑工人J.阿斯普丁（J.Aspdin）通过煅烧石灰石与黏土而发明的"波特兰水泥"。

建材是建筑材料的简称，广义的建筑材料是指构成各类建筑物和构筑物的所有材料，包括各类原材料、半成品及成品等。建材最常见的分类是按照组成成分分为无机材料、有机材料、复合材料等（见表1-1）。

在实际证券行业研究中，建材通常又被划分为金属类建材及非金属类建材。如无特殊说明，本书所研究的建材特指非金属类建材，即用于建筑工程的各种非金属类建筑材料及相关复合材料的总和，涉及除表 1-1 中无机材料金属类材料外的其他建材，即表 1-1 中的②~⑦，主要包括无机材料中的非金属类材料，有机材料植物材料中的木材、竹材及其制品等，沥青材料，有机材料合成高分子材料中的涂料、塑料管材制品等，复合材料中的混凝土、玻璃纤维增强塑料等。

表 1-1 建筑材料按照组成成分分类

分类		主要构成
无机材料	①金属类材料	钢、铁及其合金（黑色），铜、铝及其合金等
	②非金属类材料	水泥及其制品、砂石骨料、砖、瓦、石材、陶瓷及其制品、玻璃及其制品、玻璃纤维及其制品、石膏、石灰及其制品等
有机材料	③植物材料	木材、竹材、植物纤维及其制品等
	④沥青材料	石油沥青、煤沥青及其制品等
	⑤合成高分子材料	涂料、塑料、胶黏剂、合成橡胶等
复合材料	⑥有机与无机非金属材料复合	聚合物混凝土、玻璃纤维增强塑料等
	⑦金属与无机非金属材料复合	钢筋混凝土、钢纤维混凝土等
	⑧金属与有机非金属材料复合	PVC 钢板、有机涂层铝合金板等

从建筑建造过程中的使用功能来看，非金属类建材可划分为结构性建材、装饰类建材、其他功能类建材等（见图 1-1）。结构性建材主要是指用于构造建筑结构部分的承重材料，主要包括水泥、混凝土、砂石骨料、玻璃、陶瓷、木材、工程塑料、复合材料等；装饰类建材是指用于装饰美化建筑主体及形成建筑内外墙的各类材料，主要包括装饰板材、家装管材、装饰玻璃、涂料、防水、瓷砖、石膏板、五金等材料；其他功能类建材是指在建筑物中发挥主体承重（力学性能）以外特长的材料，主要包括防

水、防火、隔热、隔音、采光、保温等功能性材料。

从建材行业主要下游构成及证券研究的实际出发，本书把建材划分为消费建材、周期建材、工业建材三个大类。消费建材的"消费属性"主要体现在相对于建筑主体通常40～70年的设计使用寿命而言，一般每隔10～15年就需要更换一次装修，而酒店、展厅、商场、办公楼等商业类建筑的装修更新周期则更短，从这个意义上来说，消费建材产品就具有了一定的消费属性。与消费建材概念相对应的周期建材，如水泥、混凝土、砂石骨料等结构性建材则往往伴随着整个建筑生命周期，使用过程中一般不会更新改造。消费建材对应图1-1中的"装饰类建材"，下游主要是房地产。周期建材则主要对应"结构性建材"，主要包括水泥、玻璃两大类，下游包括房地产及基建。工业建材下游对应各类制造业，包括玻璃纤维（简称玻纤）、耐火材料、绝热材料等。

图1-1 非金属类建材分类示意图

按照这一分类，我们研究所覆盖的83家建材上市公司划分如表1-2所示。

表 1-2　建材行业主要上市公司及分类

二级分类	三级分类	上市公司数量	上市公司简称
周期建材	水泥及其制品	24	海螺水泥、华新水泥、天山股份、福建水泥、冀东水泥、祁连山、万年青、青松建化、宁夏建材、四川双马、塔牌集团、西部建设、上峰水泥、金圆股份、西藏天路、三圣股份、三和管桩、四方新材、中铁装配、海南瑞泽、金隅集团、深天地A、博闻科技、宁波富达
	玻璃及其制品	10	南玻A、旗滨集团、凯盛新能、山东药玻、凯盛科技、耀皮玻璃、金晶科技、金刚玻璃、北玻股份、三峡新材
消费建材	涂料	2	三棵树、亚士创能
	防水	3	东方雨虹、科顺股份、凯伦股份
	管材	9	伟星新材、公元股份、纳川股份、青龙管业、龙泉股份、韩建河山、雄塑科技、东宏股份、顾地科技
	板材	3	兔宝宝、正源股份、华立股份
	石膏板	1	北新建材
	建筑陶瓷	3	蒙娜丽莎、东鹏控股、帝欧家居
	建筑五金	1	坚朗五金
	吊顶	2	友邦吊顶、法狮龙
	石材	3	万里石、中旗新材、四川金顶
	其他	2	海螺新材、罗普斯金
工业建材	玻纤及其制品	7	中国巨石、中材科技、山东玻纤、长海股份、再升科技、宏和科技、正威新材
	耐火材料	3	瑞泰科技、濮耐股份、北京利尔
	绝热材料	3	鲁阳节能、赛特新材、晶雪节能
	其他建材	7	苏博特、垒知集团、开尔新材、扬子新材、方大集团、雅博股份、海南发展
合计		83	

注：本表所列83家建材上市公司包括申万建筑材料一级行业（Wind代码：801710.SI）76家上市公司，以及山东药玻、凯盛科技、蒙娜丽莎、东鹏控股、帝欧家居、坚朗五金、赛特新材等7家其他上市公司。

资料来源：Wind。

1.2 建材产业链及研究框架

建材行业上游是各类矿物原材料及生产过程中消耗的能源、人工成本等，下游需求为基建及房地产投资，和宏观经济周期密切相关。而从下游建筑工程施工阶段来看，在前端土建环节，会产生对水泥、玻璃、地下防水、地下管材等的需求，和新开工及施工进度相关度较高；在后端装饰环节，会产生对涂料、瓷砖、板材、室内防水、室内管材等消费建材的需求，和竣工相关度较高。以下分别从消费建材、周期建材、工业建材三个大类简要解读相关的上下游产业链及研究框架。

1.2.1 消费建材

消费建材主要是指应用于房屋装修阶段的建筑材料，下游客户是房地产开发企业及为其服务的装修公司、施工公司，同时也包括个人消费者（直接采购）。

消费建材主要包括涂料、防水、建筑陶瓷、管材、建筑五金、板材、石膏板等子行业。其中，防水、管材主要应用于建筑前端的开工阶段，而石膏板、建筑陶瓷、涂料、建筑五金、板材则与建筑后端的竣工相关度更高。典型的消费建材研究框架参照图 1-2。

（1）石膏板 石膏板下游广泛用于办公楼、商店、旅馆、工业厂房和住宅等各种建筑物的内墙、隔墙、墙体覆面板、天花板、吸音板、地面基层板和各种装饰板等。目前中国石膏板下游应用中商业和公共建筑占比约 70%，此外约 70% 应用于建筑吊顶领域。参照发达国家经验，行业未来增长驱动力主要在于住宅领域使用量提升以及装配式建筑驱动应用领域从吊顶向隔墙拓展。上市公司北新建材是全球最大的石膏板生产企业，2021 年北新建材按产能计算的国内市占率约为 68.5%，全球市占率约 20%，未来公司将以石膏板业务为核心，拓展轻钢龙骨、粉料砂浆、矿棉板等"石膏板+"配套系统业务。

消费建材	供给	需求	上游原材料	下游应用	品牌	渠道
石膏板	石膏板行业产量；市场空间；主要公司市场占有率	商业房产竣工面积	脱硫石膏（23%）；护面纸（77%）	内墙、隔墙、吊顶	房地产商品牌首选；区域品牌首选	前五大客户销售额；前五大供应商采购额
建筑陶瓷	行业产能；行业产量；市场空间；主要公司市场占有率	住宅竣工面积	坯料原料（61%）；釉料原料（39%）	护墙板、踢脚板；住宅、公共建筑；市政工程	房地产商品牌首选；十大品牌	直销、经销占比；前五大客户销售额
涂料	规模以上涂料产量；规模以上建筑涂料产量；市场空间；主要公司市场占有率	住宅竣工面积	乳液（33%）；钛白粉（8%）；颜填料（20%）；助剂（22%）；树脂（5%）；溶剂（8%）；单体（4%）	建筑（墙面、防水、地坪、功能性建筑）；工业（汽车、木器、铁路、公路、轻工、船舶、防腐）；通用涂料及辅助材料	房地产商品牌首选；区域品牌首选；品牌评级	直销、经销占比；前五大客户销售额
管材	全国人造板材产量；排水塑料管道；供水塑料管道	住宅竣工面积	PPR高分子树脂	建筑、市政排水、给水、建筑采暖	房地产商品牌首选	

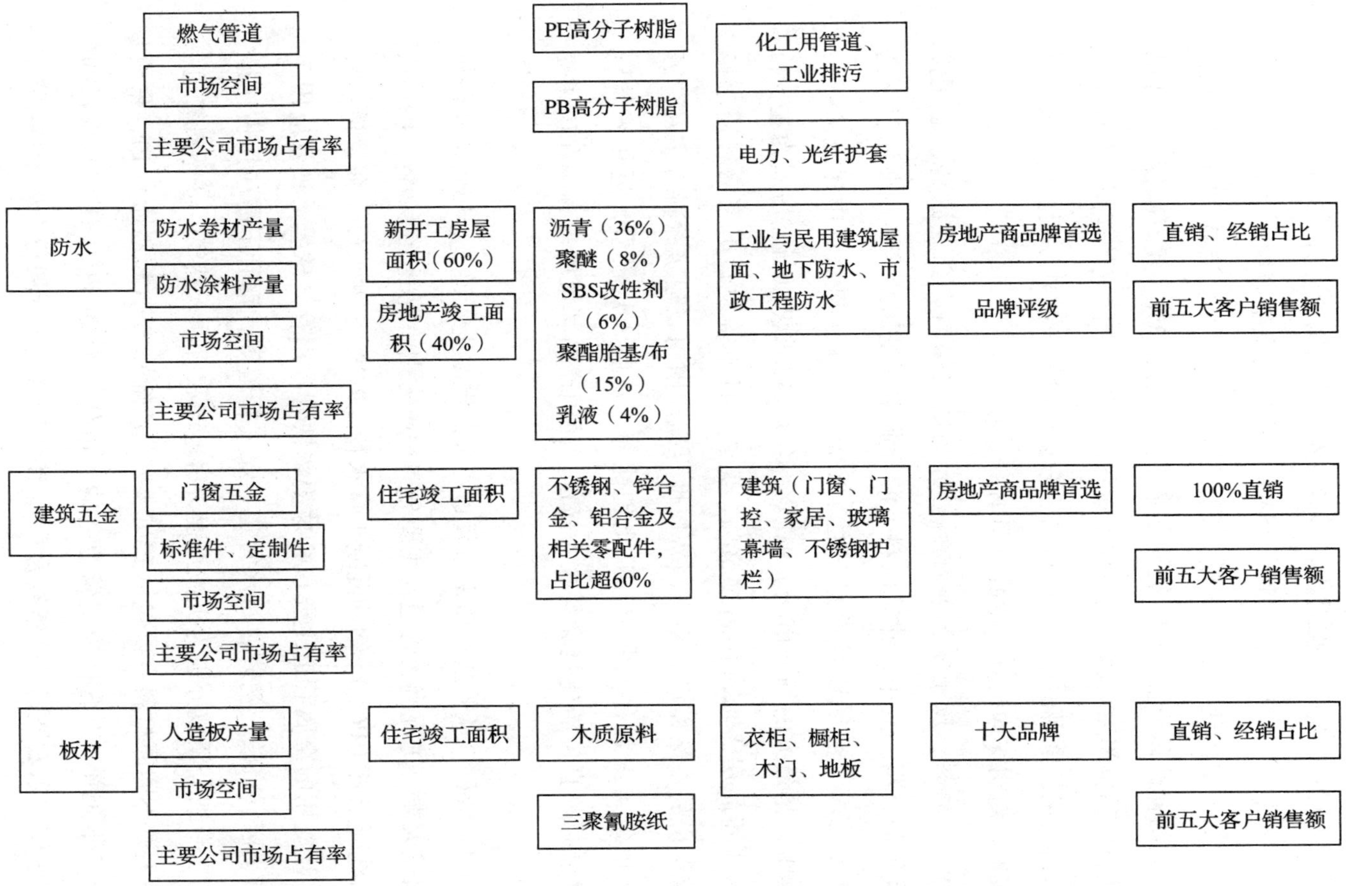

第1章 | 基本概念与研究框架

燃气管道
- 市场空间
- 主要公司市场占有率

- PE高分子树脂
- PB高分子树脂

化工用管道、工业排污

电力、光纤护套

防水
- 防水卷材产量
- 防水涂料产量
- 市场空间
- 主要公司市场占有率

- 新开工房屋面积（60%）
- 房地产竣工面积（40%）

- 沥青（36%）
- 聚醚（8%）
- SBS改性剂（6%）
- 聚酯胎基布（15%）
- 乳液（4%）

工业与民用建筑屋面、地下防水、市政工程防水

- 房地产商品牌首选
- 品牌评级

- 直销、经销占比
- 前五大客户销售额

建筑五金
- 门窗五金
- 标准件、定制件
- 市场空间
- 主要公司市场占有率

住宅竣工面积

- 不锈钢、锌合金、铝合金及相关零配件，占比超60%

建筑（门窗、门控、家居、玻璃幕墙、不锈钢护栏）

房地产商品牌首选

100%直销

前五大客户销售额

板材
- 人造板产量
- 市场空间
- 主要公司市场占有率

住宅竣工面积

- 木质原料
- 三聚氰胺纸

衣柜、橱柜、木门、地板

十大品牌

- 直销、经销占比
- 前五大客户销售额

图1-2 消费建材研究框架

注：括号内数字代表成本占比。

（2）建筑陶瓷　根据材质、形制等不同建筑陶瓷可分为陶瓷砖、陶瓷薄板（薄砖）。中国已成为世界上最大的建筑陶瓷生产国、消费国和出口国。根据《中国建筑卫生陶瓷年鉴（建筑陶瓷·卫生洁具2020）》，2020年全国陶瓷砖总产量84.74亿平方米，同比增长3%。建筑陶瓷上游主要是胚料、釉料等原材料，陶瓷加工设备，煤炭、天然气等能源。行业主要上市公司包括蒙娜丽莎、帝欧家居、东鹏控股等。此外，行业龙头公司马可波罗、新明珠均已发布招股说明书拟上市。

（3）涂料　按下游需求涂料可分为建筑涂料、工业涂料、通用涂料及辅助材料。其中，建筑涂料下游行业主要是房地产，工业涂料下游行业是汽车、船舶以及道路交通。2020年全球涂料市场中建筑涂料占比40%，是最大的细分市场。中国涂料市场需求仍以新建房屋为主，目前新建商品房需求占比超过50%。美国、日本等发达国家涂料需求则以存量房的重涂需求为主，消费属性更强。国内以建筑涂料为主营业务的上市公司主要有三棵树、亚士创能等。从收入规模看，近年来外资品牌立邦一直位居建筑涂料收入榜首，而国产品牌市场占有率在快速提升中。

（4）管材　从管道材质来看管道可分为混凝土管道、金属管道和塑料管道三大类。①混凝土管道：主要分为预应力钢筒混凝土管（PCCP）、预应力混凝土管（PCP）、钢筋混凝土排水管（RCP）三种。②金属管道：目前广泛应用的金属管道主要包括球墨铸铁管及钢管。球墨铸铁管应用于城市小区、市政、消防、污水管道、煤气管道等。钢管下游应用占比最高的三个细分领域分别为机械工程、房地产和石油天然气。③塑料管道：按照上游不同原材料主要包括PVC（聚氯乙烯）、PE（聚乙烯）、PP（聚丙烯）三种管道。以管材为主营业务的上市公司主要包括：①塑料管材的中国联塑、东宏股份（钢塑复合管）、伟星新材、公元股份、雄塑科技等；

②混凝土管材的青龙管业、龙泉股份、韩建河山、国统股份、三和管桩等；③金属管材的金洲管道、新兴铸管、友发集团等。

（5）防水　按照产品形态防水材料主要分为防水卷材、防水涂料两大类。从下游需求构成来看，住宅、民用建筑、基建、工业建筑分别占50%、20%、20%和10%。防水行业上市公司主要包括东方雨虹、科顺股份、凯伦股份等。此外，北新建材、三棵树、亚士创能等分别通过收购及自建产能的方式进入防水行业。

（6）建筑五金　建筑五金可分为前装（配套）产品和后装（替换）产品，具有一定消费属性。建筑五金生产成本的60%～70%来自不锈钢、锌合金、铝合金以及相关零配件，下游客户主要为房地产公司、幕墙公司、门窗公司及装饰公司等。建筑五金下游需求十分零散，涵盖了几十万个SKU（stock keeping unit，库存量单位），产品单品附加值较低，其中70%左右为定制化产品。坚朗五金是五金行业内唯一上市龙头公司，以门窗、幕墙五金为核心，逐步将业务拓展至门控五金、不锈钢护栏构配件、家居类产品以及其他建筑五金产品，拥有生产基地面积超过70万平方米，各类产品2万余种。

（7）板材　板材广泛应用于家具制造、建筑业、加工制造业等。其中，人造板主要包括胶合板、刨花板和纤维板等三大品类。胶合板是目前手工制作家具最为常用的材料，刨花板则是定制家居企业主选的板材。人造板主要上市公司包括兔宝宝、大亚圣象、丰林集团等。其中，兔宝宝是传统板材行业龙头，OEM为主的轻资产模式驱动收入快速增长，2018年后进行渠道布局和下沉，零售端推进易装模式布局家居定制成品市场，工渠端大力推进工装、家装、家具厂等小B端，截至2021年12月，公司已在全国建立了3000多家各种体系专卖店，是行业内渠道数量最多、市场覆盖最广、经销商资源最优的企业。

1.2.2 周期建材

水泥

水泥是建筑用的胶黏材料，现代水泥一般是指1824年英国人阿斯普丁发明的"波特兰水泥"，它的大规模应用对推动城市化进程起到了重要作用。水泥的生产过程可被概括为"两磨一烧"，按照一定的比例配原料，先经粉磨制成生料，在窑内经过高温煅烧制成熟料，再经过二次粉磨制成水泥。熟料的原材料包括石灰质原料、黏土质原料、校正原料。水泥的原材料包括熟料、石膏、混合材等（见图1-3）。

水泥作为建筑结构性主材用量庞大，没有同等体量的替代品。 根据中国水泥网发布的2021年中国水泥熟料产能百强榜，上榜的100家企业累计水泥熟料年产能达18.43亿吨，对应每年生产23.63亿吨水泥。从统计局公布的大宗商品产量数据看，主要替代品木材、钢铁等都达不到水泥的消耗量级，价格也较水泥昂贵许多倍（水泥价格一般在400～500元/吨）。

水泥生产企业对于上游的煤炭、电力、石灰石企业是价格接受者，对下游有一定议价力。 国家发展和改革委员会（简称发改委）及各级政府对水泥上游的煤炭、电力、矿山拥有较强的把控，一定程度上掌握定价权，所以水泥生产商对于上游是既定价格接受者，议价能力较弱。面向下游不同客户，水泥生产商的议价能力是不同的：①对于直销基建、重点工程，产品定价能力弱，供给产品以高标散装水泥为主，长协供货周期在2～3年，定价较市价更稳定；②直销供给商品混凝土搅拌站，产品议价能力较强，占行业一半以上的用量，由水泥生产企业报价，更新频率以周度计，价格反映供求变化随时调整；③经销商主要以袋装水泥为主，水泥生产企业议价能力最强，用量占比在1/3左右。

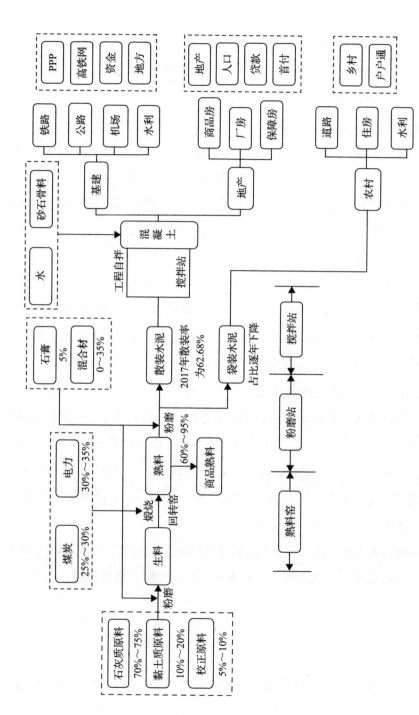

图 1-3 水泥产业链及研究框架

一个大型的熟料基地建成以后具备排他性，首先是因为区域市场的容量有限，而水泥是受制于覆盖半径的，客观条件并不允许过剩产能生存；其次，一个经过精心选址，高密度建设的熟料基地拥有较强的成本优势，尤其是像海螺水泥、华润水泥这种有大江大河运输优势的企业，有更强的"护城河"；最后，高品位的矿山资源是稀缺且不可再生的，水泥企业拿下大型矿山后，一般会拥有20年以上的开采权，实现排他性的区域资源垄断。

中国从清末开始引进国外水泥技术，经历了立窑、湿法回转窑、2000吨熟料预分解窑新型干法、5000吨熟料预分解窑新型干法四个层次，每个层次的发展基本都是先购买国外成套技术装备，再进行自主研发，实现设备的国产化。设备的技术换代导致更新周期时间较长。从1985年开始中国水泥产量已经达到全球第一的水平，但是在这之后的30年时间里，仍然经历了1992年、2003年、2006年、2009年四个水泥产量增长高峰期，行业中企业的固定资产规模也经历了快速扩张，在2014年以后进入发展的成熟平台期，扩张速度明显放缓。

中国既是水泥制造大国也是水泥制造强国，装备技术水平领先全球。2021年中国水泥产量约占全球55%，自主研发成套技术装备，低温余热发电、水泥窑协同生活垃圾处理、污染物超低排放、万吨级成套技术装备技术领先全球，并且开始向海外输出产能，水泥上市公司重点布局东南亚、中亚等"一带一路"沿线国家。

水泥行业主要上市公司包括港股的中国建材，A股上市公司包括海螺水泥、天山股份、上峰水泥、华新水泥、冀东水泥、塔牌集团、万年青、福建水泥等。

玻璃

玻璃是我们生产生活中最常见的建筑材料之一，按加工工艺可分为平板玻璃和深加工玻璃。平板玻璃经过深加工后可得到镀膜玻璃、钢化玻璃、夹层玻璃、中空玻璃等。按照下游应用领域可分为建筑玻璃、汽车玻璃、光伏玻璃、电子玻璃、药用玻璃等。其中，技术壁垒较高的为电子玻璃和药用玻璃。电子玻璃根据用途可以分为视窗防护盖玻璃（盖板玻璃）和基板玻璃，盖板玻璃主要是用于对触摸屏的触控模组、显示屏和非触摸屏的显示屏进行保护的透明镜片，如触摸屏手机、平板电脑、数码相机、各类自助终端、大屏幕触摸式电子白板等。基板玻璃是构成显示模组的重要部件，下游应用主要是LCD面板和OLED面板（通常是由两块基板玻璃中间夹着液晶组成）。药用玻璃是专门用于药品包装的玻璃，目前主要应用于冻干剂瓶、粉针剂瓶、水针剂瓶、口服液瓶及输液瓶等。

按照生产制造工艺，平板玻璃可分为浮法玻璃、压延玻璃、引上法平板玻璃、平拉玻璃。目前中国平板玻璃主流的生产工艺是浮法，占到平板玻璃产量的85%以上。压延法近年来主要用于生产超白镀膜压延玻璃，下游主要用于太阳能多晶硅面板的封装。玻璃产业链见图1-4。

浮法玻璃深加工按加工工艺可分为钢化玻璃、夹层玻璃、中空玻璃及镀膜玻璃，终端下游包括建筑和家具、家电、汽车、高新技术（显示器、光伏）等领域，需求量占比分别为70%、15%、5%和10%。

从电子玻璃生产工艺看，玻璃基板的主流工艺为溢流下拉法、浮法、流孔下拉法。盖板玻璃主要原材料为超薄平板玻璃，经过切割、CNC精雕、减薄、强化、镀膜、印刷等工艺处理后，具有防冲击、耐刮花、耐油污、防指纹、增强透光率等功能。

玻璃上游主要涉及石英砂、纯碱、石灰石及能源相关行业。从成本拆分看，浮法玻璃及压延玻璃生产成本构成相似，燃料动力（占比约40%）及原材料（占比约40%）均为两种工艺的主要成本。

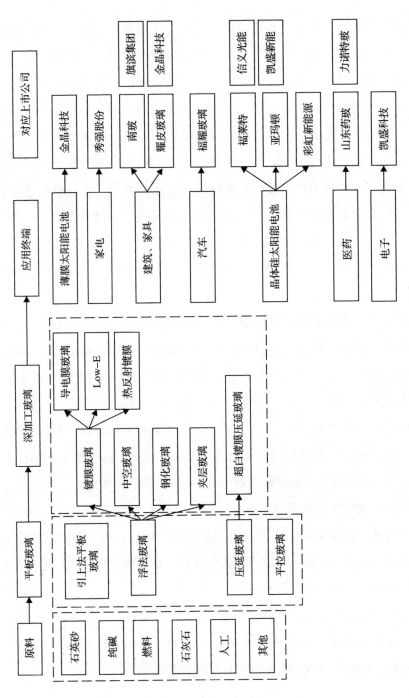

图1-4 玻璃产业链示意图

国内玻璃行业按照下游应用主要可以分为建筑玻璃、光伏玻璃、电子玻璃、药用玻璃等子行业。

（1）建筑玻璃　行业主要龙头均多元化发展。信义玻璃专注于优质浮法玻璃、汽车玻璃以及节能建筑玻璃的生产，其浮法玻璃产能规模居国内首位。旗滨集团是国内建筑玻璃原片龙头企业之一，主要产品包括浮法玻璃原片、节能建筑玻璃、高铝电子玻璃、中性硼硅药用玻璃、光伏新材料等。南玻集团主要生产浮法玻璃、工程玻璃、光伏玻璃、超薄电子玻璃等产品。其他国内代表企业包括金晶科技（以玻璃、纯碱及其延伸产品为主）、北玻股份（玻璃深加工设备和玻璃深加工产品）、耀皮玻璃（浮法玻璃系列产品和中空玻璃产品是"中国名牌产品"）。

（2）光伏玻璃　已形成信义光能、福莱特双寡头格局。信义光能是全球最大的光伏玻璃制造商，此外还涉足光伏电站EPC、光伏电站投资运营等环节。福莱特是国内第一家、全球第四家取得瑞士SPF认证的光伏玻璃企业。其他国内代表企业有凯盛新能（在超薄光伏玻璃生产技术上处于重要地位）、亚玛顿（专注于光伏镀膜玻璃、超薄物理钢化玻璃和双玻组件的研发、生产和销售）等。

（3）电子玻璃　主要分为基板玻璃和盖板玻璃两种。盖板玻璃（视窗防护盖玻璃）是加于显示屏外，对触控模组、显示模组进行保护的透明镜片。基板玻璃是液晶玻璃面板的重要原材料，主要包括LCD面板和OLED面板。虽然国内部分厂商已能够批量生产G6及以下尺寸的基板玻璃，但在G8.5及以上的大尺寸基板玻璃生产方面，国内企业仅具备冷端加工能力，热端熔炉核心技术只被少数国家所掌握，国产化制造能力较弱。盖板玻璃原片行业壁垒较高，主要由外资企业占据，代表性企业有康宁玻璃、日本AGC、电气硝子、德国肖特等。我国盖板玻璃原片生产企业有旗滨集团、旭虹光电、南玻集团和彩虹股份等，目前国产替代的进程在加快。主要上市公司包括：凯盛科技，主要产品为显示/触控模组、电子玻璃及氧化锆等新材料，具备折叠屏用UTG盖板原片–深加工一体化生产能力（国内唯一），与华为合作取得UTG性能提升专利；南玻集团近年来拓展了电子玻璃业务，公司高铝二代（KK6）产品顺利产业化，国内高端客户大量使用，同时高铝三代（KK8，康宁GG7的替代品）也已完成认证。

（4）药用玻璃　药用玻璃是药用包装材料之一，按材质可分为硼硅玻璃和钠钙玻璃，硼硅玻璃可分为低硼硅、中硼硅和高硼硅玻璃，按生产工艺可分为模制瓶和管制瓶。目前上市公司包括山东药玻、正川股份、力诺特玻。其中山东药玻是国内模制瓶龙头，主要产品包括模制瓶、棕色瓶、管制瓶、丁基胶塞等，模制瓶在中国市场份额超80%，近年积极布局中硼硅模制瓶、中硼硅玻璃管、预灌封等新产品。

1.2.3　工业建材

工业建材的下游是各制造业，我们通常研究的工业建材大类主要包括玻纤及其制品、绝热材料、耐火材料等。

玻纤及其制品

玻纤诞生于1938年，是一种性能优异的无机非金属材料，是以叶蜡石、石英砂、石灰石等天然无机非金属矿石为原料，按一定的配方经高温熔制、拉丝、络纱等数道工艺加工而成，具有质轻、高强度、耐高温、耐腐蚀、隔热、吸音、电绝缘性能好等优点。玻纤作为中游产业，已形成"玻纤—玻纤制品—玻纤复合材料"的产业链条，其上游产业涉及采掘、化工、能源，下游主要包括建筑建材、电子电器、轨道交通、石油化工、汽车制造等传统工业领域及航空航天、风力发电等新兴领域（见图1-5）。

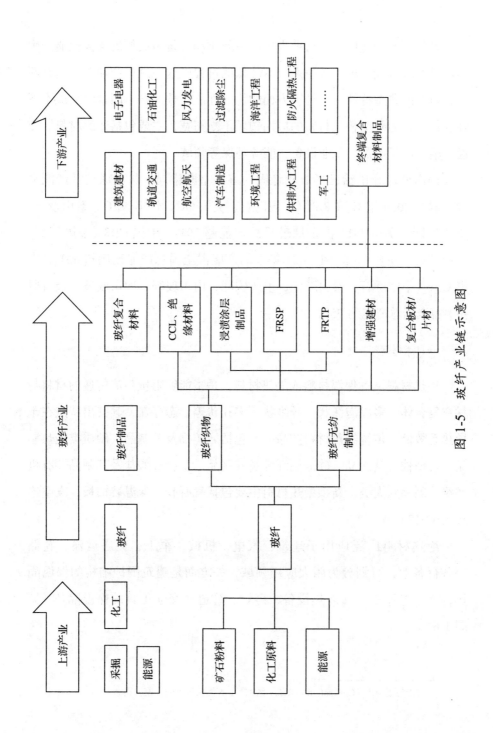

图 1-5 玻纤产业链示意图

玻纤下游用途广泛，行业发展的主要驱动力是由玻纤的优异性能产生的产品升级替代需求，在生产成本降低的过程中这一进程会加速，具有新材料行业的典型特征。玻纤多方面的优异性能，叠加技术因素驱动成本下降，使其作为新型替代材料的应用领域不断拓宽，主要包括建筑材料、交通运输、电子电器、工业设备、能源环保等领域。

国内外玻纤供给已形成较稳固的寡头垄断格局。从全球玻纤产能来看，截至 2019 年末，CR6[①]（中国巨石、美国 OC、日本 NEG、泰山玻纤、重庆国际、美国 JM）占全球玻纤总产能超 70%。中国 CR3（中国巨石、泰山玻纤、重庆国际）在 2021 年末的产能占全国总产能比例超 60%，中国 CR6（中国巨石、泰山玻纤、重庆国际、山东玻纤、四川威玻、长海股份）占全国总产能约 75%。

绝热材料

绝热材料又称保温材料或隔热材料，是指能够阻抗热流传递的材料与材料复合体，多以泡沫状、纤维状、多孔状等形态存在，其突出特点在于导热系数低。传统绝热材料产品主要包括岩矿棉及其制品、硬质类绝热制品、玻璃棉及其制品、硅酸铝纤维及其制品、复合硅酸盐及其制品、有机类绝热制品六大类。新型绝热材料主要包括气凝胶、保温装饰板、真空绝热板（VIP）等。

绝热材料广泛应用于建筑、家电、机械、军工、交通运输、仓储等各行各业，可划分为两大应用领域，一方面是建筑围护结构的保温隔热，另一方面是工业冷热设备、窑炉、管道和交通工具的保温隔热（见图 1-6）。

[①] CR 为集中度（Concentration Rate）的缩写，6 代表最大的 6 家公司。

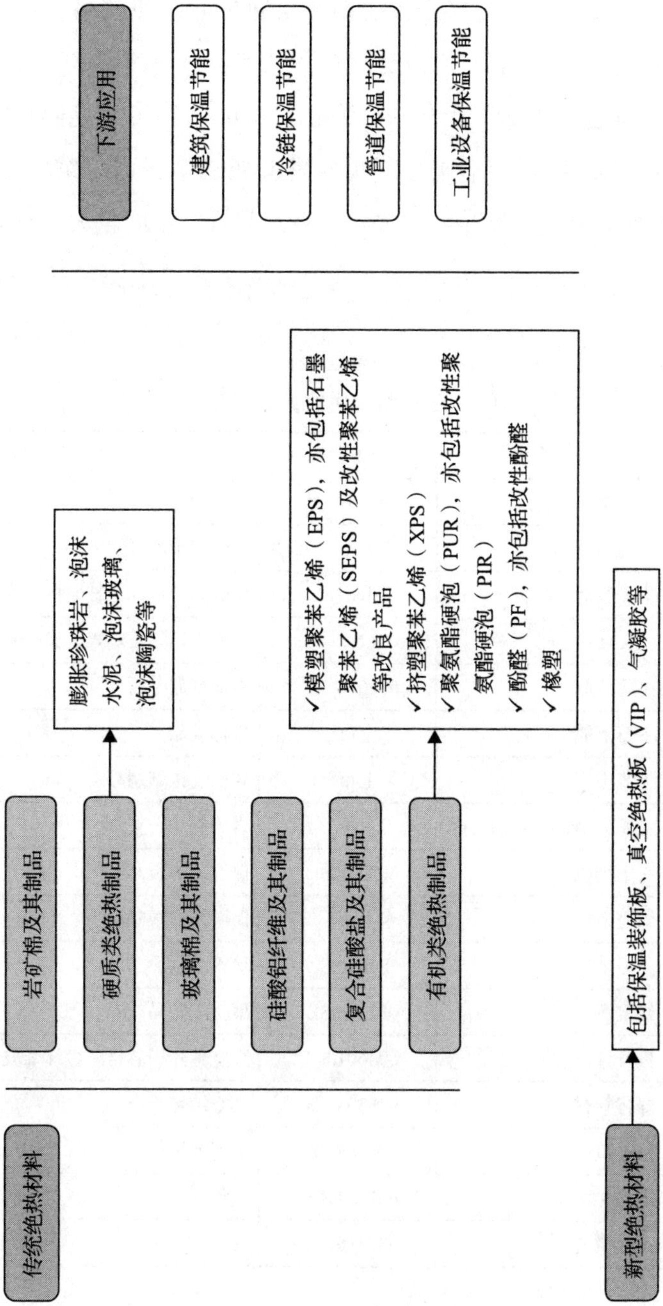

第1章 | 基本概念与研究框架 19

传统绝热材料

- 岩矿棉及其制品
- 硬质类绝热制品 → 膨胀珍珠岩、泡沫水泥、泡沫玻璃、泡沫陶瓷等
- 玻璃棉及其制品
- 硅酸铝纤维及其制品
- 复合硅酸盐及其制品
- 有机类绝热制品
  - ✓ 模塑聚苯乙烯（EPS），亦包括石墨聚苯乙烯（SEPS）及改性聚苯乙烯等改良产品
  - ✓ 挤塑聚苯乙烯（XPS），亦包括改性聚苯乙烯
  - ✓ 聚氨酯硬泡（PUR）、氨酯硬泡（PIR）
  - ✓ 酚醛（PF），亦包括改性酚醛
  - ✓ 橡塑

新型绝热材料

包括保温装饰板、真空绝热板（VIP）、气凝胶等

下游应用

- 建筑保温节能
- 冷链保温节能
- 管道保温节能
- 工业设备保温节能

图1-6 绝热材料产业链及研究框架

资料来源：中国绝热节能材料协会。

聚苯乙烯、聚氨酯、岩棉等传统绝热材料主导绝热材料市场，新型绝热材料因其性能优势亦显现较好应用前景。绝热材料品种多、行业规模大，2020年中国绝热材料产量约770万吨，2010～2020年绝热材料年产量复合增速为6%。随着"双碳"逐步推进节能减排进入"深水区"，我们预计绝热材料需求景气度将继续提升，且产品升级空间较大。绝热材料行业具有典型的"大行业、小企业"特征，各家公司主要产品情况参见表1-3。

表1-3 绝热材料主要企业情况

领域	公司名称	上市代码	主要产品
建筑保温领域	圣泉集团	605589.SH	酚醛制品
	兴达泡塑	未上市	模塑聚苯乙烯制品
	华美节能	未上市	挤塑聚苯乙烯、玻璃棉、橡塑制品
	欧文斯科宁	OC.N	泡沫玻璃、玻璃棉、橡塑制品
	鲁阳节能	002088.SZ	岩棉制品
	泰石节能	未上市	岩棉制品
	华能中天	未上市	岩棉、橡塑制品
	上海新型建材岩棉公司	未上市	岩棉制品
	亚士创能	603378.SH	保温装饰板制品
	固克节能	未上市	保温装饰板制品
冷链领域	晶雪节能	301010.SZ	聚氨酯制品
	红宝丽	002165.SZ	聚氨酯制品
	再升科技	603601.SH	真空绝热板芯材、微纤维玻璃棉等
	赛特新材	688398.SH	真空绝热板
工业保温等	鲁阳节能	002088.SZ	陶瓷纤维
	中国化学	601117.SH	气凝胶
	泛亚微透	688386.SH	气凝胶

资料来源：各上市公司公告、各公司官网。

1.3 建材总需求：典型的投资驱动

建材下游行业主要是基建、房地产及部分制造业等，处于国民经济中上游产业链位置。整体而言，建材行业更多地体现为资本拉动及出口带动，消费需求变动对建材的诱发度比较低。建材行业整体收入和房地产需求相关度更高，体现出典型的顺周期特征。其中，消费建材、水泥和基建、房地产投资额相关度均较高，且相对而言和房地产投资额相关度更高；玻璃的下游需求是房地产为主，制造业为辅，和汽车、电子及房地产相关度均较高；玻纤下游需求更加多元化，和房地产、基建、电子、风电均有较高的相关度。

本书用国家统计局数据"非金属矿物制品业：主营业务收入"（统计口径为规模以上建材企业）来代表建材企业营业收入，用"城镇固定资产投资完成额：基础设施建设投资""城镇固定资产投资完成额：房地产开发"两项相加来代表下游"基建＋房地产投资额"。通过图1-7可以发现，自2000年以来，建材企业营业收入整体上与"基建＋房地产投资额"基本保持一致。

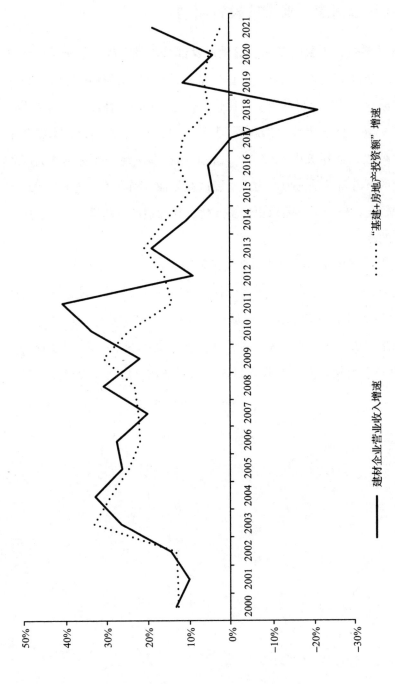

图 1-7　建材企业营业收入增速与"基建+房地产投资额"增速走势

资料来源：国家统计局。

| 第 2 章 |

消费建材：存量时代，变革加速

2.1 历史复盘：消费建材何以牛股辈出

在大多数投资者的认知中，消费建材属于房地产的下游行业，商业模式及产品偏传统，似乎很难有亮眼的表现。但事实上，从复盘美国及中国的市场表现来看，消费建材是产生牛股尤其是长期大牛股的沃土，无论是业绩增长还是股价表现，即使和科技股相比也毫不逊色。

从美国股市来看，截至 2022 年 6 月 24 日收盘，美国涂料龙头公司宣伟股价自 1980 年以来累计上涨了 599 倍，股价年复合涨幅达 16.5%，区间最高涨幅更是超过 2000 倍。建材家居零售商家得宝、劳氏自 1981 年、1980 年以来分别上涨了 8085 倍和 649 倍，股价年复合涨幅分别达 24.5% 和 16.7%。瓷砖龙头公司莫霍克工业、卫浴涂料龙头公司马斯科、五金龙头公司史丹利百得在同期均有不俗的表现（见表 2-1）。

表 2-1 美国消费建材龙头公司概况

	宣伟	PPG	莫霍克工业	家得宝	劳氏	马斯科	史丹利百得
上市时间	1964 年	1945 年	1992 年	1981 年	1961 年	1947 年	1966 年
主营业务	涂料	涂料	地毯、瓷砖、地板	建材家居零售	建材家居零售	卫浴、涂料、木制家具	工具和五金
最新市值（亿元，截至 2022-06-24）	4 030	1 915	545	19 487	7 830	819	1 124
2021 年营业收入（亿元）	1 286	1 084	722	9 736	6 199	540	1 007
2021 年归母净利润（亿元）	120	93	67	1 058	544	26	109
统计区间收入年复合增速	9.1%（1987~2021 年）	5.2%（1987~2021 年）	13.8%（1991~2021 年）	17.4%（1987~2022 年）	13.2%（1987~2022 年）	6.0%（1987~2021 年）	8.4%（1987~2021 年）
统计区间归母净利润年复合增速	10.9%（1987~2021 年）	5.7%（1987~2021 年）	19.2%（1991~2021 年）	22.6%（1987~2022 年）	17.7%（1987~2022 年）	3.5%（1987~2021 年）	10.9%（1987~2021 年）
统计区间股价累计涨幅	599 倍（1980~2022 年）	52 倍（1980~2022 年）	24 倍（1992~2022 年）	8 085 倍（1981~2022 年）	649 倍（1980~2022 年）	15 倍（1980~2022 年）	18 倍（1980~2022 年）

	16.5% (1980~2022年)	9.9% (1980~2022年)	11.3% (1992~2022年)	24.5% (1981~2022年)	16.7% (1980~2022年)	6.8% (1980~2022年)	7.3% (1980~2022年)
股价年复合涨幅	16.5%	9.9%	11.3%	24.5%	16.7%	6.8%	7.3%
ROE 中位数	30.2%	23.0%	13.1%	20.6%	16.1%	13.2%	16.9%
ROE 均值	34.3%	23.1%	13.0%	29.0%	24.6%	13.0%	18.4%
(股息支付+回购)/平均市值	5.6%	3.7%	2.2%	4.0%	3.6%	3.7%	3.5%
经营现金流/净利润	149.0%	145.0%	192.0%	128.0%	165.0%	194.0%	146.0%
"业绩-收入"增速剪刀差	1.8%	0.5%	5.4%	5.2%	4.5%	-2.5%	2.5%
"股价涨幅-业绩增速"剪刀差	5.6%	4.2%	-7.9%	1.9%	-1.0%	3.3%	-3.6%

注：其中家得宝、劳氏的年份为财政年度（上年 2 月初至次年 1 月底），其他公司均为 1 月 1 日至 12 月 31 日的日历年度。

资料来源：Bloomberg。

在中国资本市场，消费建材也产生了东方雨虹、三棵树、坚朗五金等大家耳熟能详的大牛股。截至2022年6月24日，这三家公司中上市最早的东方雨虹自2008年以来股价累计上涨了77倍，上市时间较短的三棵树、坚朗五金分别累计上涨了18倍和4倍，三家公司的年复合涨幅分别达37%、63%和32%，短期表现好于同期美国消费建材上市公司（见表2-2）。

表2-2 中国消费建材龙头公司概况

	东方雨虹	三棵树	坚朗五金
成立时间	1998年	2003年	2003年
上市时间	2008年	2016年	2016年
主营业务	防水卷材、防水涂料	建筑涂料	建筑五金
最新市值（亿元，截至2022-06-24）	1178	443	344
2021年营业收入（亿元）	319.3	114.3	88.1
2021年归母净利润（亿元）	42	-4.2	8.9
统计区间收入年复合增速	34%（2008～2021年）	42%（2016～2021年）	27%（2016～2021年）
统计区间归母净利润年复合增速	42%（2008～2021年）	39%（2016～2020年）	29%（2016～2021年）
统计区间股价累计涨幅	77倍（2008～2022年）	18倍（2016～2022年）	4倍（2016～2022年）
股价年复合涨幅	37%（2008～2022年）	63%（2016～2022年）	32%（2016～2022年）
ROE中位数	21.2%	22.9%	20.3%
ROE均值	20.8%	18.3%	18.3%
（股息支付+回购）/平均市值	1.13%	1.2%	0.88%
经营现金流/净利润	78%	173%	66%
"业绩-收入"增速剪刀差	8%	-3%	2%
"股价涨幅-业绩增速"剪刀差	-5%	24%	3%

资料来源：Wind。

从中美消费建材上市公司数据可以发现这些长期牛股的一些共同特征。

1）收入增速、业绩增速普遍比较高，且部分公司获得了"业绩-收入"增速的正向剪刀差。剪刀差高，说明公司通过管理、成本控制及品牌溢价获得了较收入增速更高的业绩增速。美国的莫霍克工业、家得宝的增速剪刀差在 5% 以上，劳氏、宣伟分别为 4.5% 和 1.8%。而中国的东方雨虹剪刀差高达 8%，坚朗五金为 2%，三棵树为负值。

2）股价上涨的主要驱动力是业绩增长，估值是否能长期扩张取决于市场整体估值变动、细分行业的市场认可度等因素。可以用"股价涨幅-业绩增速"的剪刀差来衡量，如果是正值，股价上涨除了业绩驱动外还有估值扩张的因素。美国上市公司中宣伟、PPG 正向剪刀差较大，其次是马斯科及家得宝，这主要是由于涂料、建材零售、五金的消费属性更强。中国市场的三棵树在所有公司中正向剪刀差最大，高达 24%，坚朗五金为 3%，东方雨虹为负值。

3）ROE 的高低与公司股价涨幅相关度较高。美国上市公司中 ROE 中位数或平均数较高的是宣伟、家得宝和劳氏，其股价年复合涨幅也较高。中国的三家公司 ROE 中位数均超过 20%。

4）在 FCFF 及 DDM 估值模型的决定因素中，用"经营现金流/净利润""（股息支付+回购）/平均市值"这两项指标来衡量，其绝对值越高，则理论上估值也应越高，长期股价表现更好。从"经营现金流/净利润"来看，表 2-1 中美国上市公司均高于 120%。中国的三棵树较高为 173%，东方雨虹和坚朗五金均较差，分别为 78% 和 66%。这主要和防水、五金行业的商业模式收款状况较差有关。从"（股息支付+回购）/平均市值"这一指标来看，美国上市公司均较高，也获得了更高的估值。

本书以具有较长的业绩及股价表现历史记录的宣伟与东方雨虹为例，把其股价表现拆解为业绩增速及估值变动两个驱动因素。可以看到：

1）两家公司的股价走势和业绩累计增速均基本一致，这说明业绩增长是股价的最核心驱动因素（见图2-1和图2-2）。

2）两家公司业绩估值双杀的情况很少出现，接近一半的年份是业绩估值双升，其余年份是业绩估值互相对冲，因而两家公司的股价表现长期看较为稳定。其中，宣伟整体获得了正向的"股价涨幅－业绩增速"剪刀差，且在1991~2021年的31年间，同向为正的年份数为15年（业绩估值双升），同向为负的年份数仅为2年（业绩估值双杀）。东方雨虹在整体上获得了负向的"股价涨幅－业绩增速"剪刀差，且在2008~2021年的14年间，同向为正的年份数为7年（业绩估值双升），同向为负的年份数为0年（业绩估值双杀）。

从基本面的角度来看，消费建材之所以长期牛股辈出，背后有深刻的逻辑，主要体现在以下几个方面：

1）大市场，坡长雪厚，巨大且持续的市场需求是消费建材产生牛股的沃土。有多大的市场，就会有多大的公司。消费建材整体是超过万亿元的市场，主要细分赛道基本上都是超过千亿元的市场。近年来可以看到，主要的几家龙头公司依托原有主业，向相关产业多品类扩张，基本上形成了综合建材公司的产业布局，从而实现更快、更持续的扩张。如东方雨虹在做大防水主业的同时，进入涂料、保温砂浆、瓷砖胶等辅材市场；北新建材在石膏板市占率超过60%的基础上，进入防水、涂料市场；以建筑涂料为主业的三棵树新进入防水、保温、生态板等新市场。

2）格局好，龙头公司市占率持续提升，且有"强者恒强"的自我强化效应。消费建材龙头公司可以通过全国化的产能布局，获得更低的生产成本、更健全的销售渠道、更强的品牌效应，从而实现市占率的快速提升。

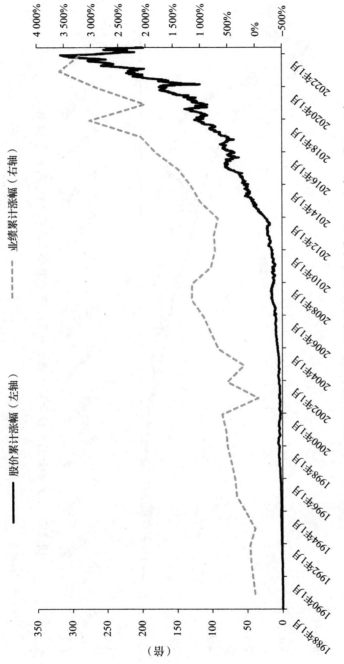

图 2-1 宣伟历史股价累计涨幅与业绩累计涨幅（截至 2022 年 6 月 24 日）

注：由于数据可得性，以 1987 年为基准进行计算。

资料来源：Bloomberg，Wind。

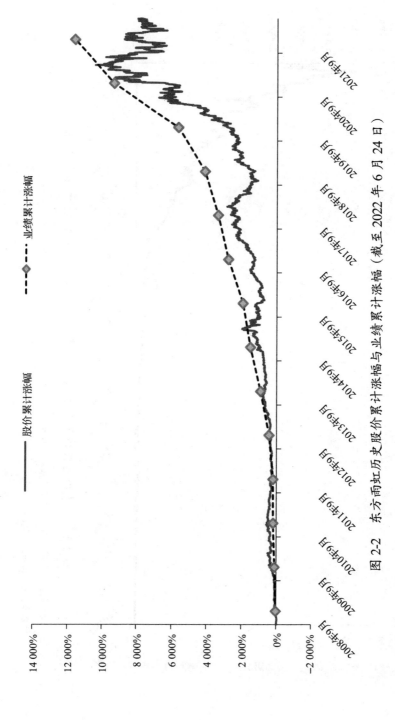

图 2-2　东方雨虹历史股价累计涨幅与业绩累计涨幅（截至 2022 年 6 月 24 日）

资料来源：Wind。

3）商业模式好，有较强的品牌属性。消费建材的产品虽然较为成熟，但使用周期长，一般要使用 8～10 年甚至更长时间，消费者对于产品的质量要求更高。部分产品，如涂料、瓷砖、石膏板等还有一定的审美属性、环保属性。消费建材龙头公司通过产品品牌、质保、售后服务建立起的商业模式很难被新进入者超越。

4）上市公司可以借助资本市场实现更快的扩张。以东方雨虹为例，公司上市以来，加上 IPO 在内共进行过 4 次股权再融资及 1 次可转债融资，支撑了 2012 年、2015 年、2018 年三次产能投产高峰，市占率在此期间实现了快速提升。

本章接下来将会从市场需求、竞争格局及财务指标几个维度展开具体分析。

2.2　市场需求：过去新房驱动，未来存量主导

2.2.1　消费建材下游需求和房地产投资更相关

消费建材的下游需求主要来自基建与房地产投资，2010 年后和房地产投资走势更相关。从工业企业产成品库存同比增速来看，"基建＋房地产投资"周期领先工业企业库存周期大致 1～2 年，是宏观经济发展的重要驱动力和支撑；从全国建材家居景气指数来看，2010 年以来建材家居行业发展与房地产投资周期趋势上更为相关，2016 年以来房地产投资的强韧性是建材家居指数实现 2017～2018 年软着陆的重要因素。

2008 年以来消费建材的发展可以划分为四个阶段，每个阶段的特征如下：

（1）2008～2011 年："四万亿"超强刺激使需求大幅增长，基建

和房地产依次轮动 2008年金融危机后，"四万亿"刺激政策出台（2008年11月~2010年12月），房地产销售面积同比增速于2009年1月见底反弹，并于当年11月见顶；房地产投资见底滞后销售一个月反弹，并受新开工面积拉动于2010年5月见顶，但同比增速维持在20%以上高位至2011年5月。基建投资增速于2008年第四季度企稳后，于2009年1月开始急速攀升，并于2009年5月达到60.5%的高点，2011年5月增速跌破20%。"四万亿"刺激下，需求同步指标（房地产+基建投资）实现了三个季度的复苏，并维持了约两年半20%以上的同比增速。

（2）2012~2015年：**政策博弈下的温和复苏周期，房地产总体处于下行周期** "四万亿"政策于2010年结束后，2011年房地产和基建的投资增速分别回落至28%和6.5%，加大了经济下行压力。尽管2012年政府工作报告首次下调经济增速目标至7.5%（此前连续8年将增速目标控制在8%以上），但外部需求不确定性增加，在政府稳增长多项政策支持下，2012年广义基建投资增速回升至14%，2013~2014年重回20%以上，2012~2013年房地产投资增速维持在15%以上。虽然2012年至2013年货币政策和限购限贷政策总体宽松，销售面积增速较高，但多次重大会议均不同程度强调要"抑制投机""促进房价合理""坚持调控政策不动摇"。此阶段政策在鼓励房地产市场发展的同时注重合理控制房价，且继续加大保障性住房和棚户区改造力度。2014~2015年房地产投资压力增大，房地产新开工面积下滑。

（3）2016~2020年：**基建投资增速下降，房地产投资表现出超强韧性** 2016年以来的重要主线是供给侧结构性改革，表现在对基建投资的影响上是投融资方式改革与多个国家级区域战略的落地。PPP（Public-Private Partnership，政府与社会资本合作）投资实现了政府投资撬动社会投资的市场化尝试，2016年、2017年基建投资分别同比增长16%、

15%，但自2018年以来随着银行资管新规及地方政府规范隐性债务，2018～2020年基建年复合增速下降至2.8%。而在房地产投资领域，三、四线棚改的崛起支撑了房地产投资增长，2016～2019年房地产投资表现出逐步回升的态势。

（4）2021年至今："三道红线"政策后房地产投资开始下滑，基建投资触底回升 2021年开始，央行及住房和城乡建设部（简称住建部）正式实施限制房地产开发企业融资的"三道红线"政策（剔除预收款后的资产负债率不超过70%、净负债率不超过100%、现金短债比不小于1），房地产销售及投资开始下滑。基建投资在2021年达到阶段性谷底的0.2%，2022年以来增速则开始有所回升。

2.2.2 需求结构：存量房改造有望开辟新蓝海

从下游结构来看，消费建材的需求主要来自两个领域：①新房精装修，其下游客户是房地产开发商（一般称之为大B）和渠道商（建筑施工公司、装修公司等，一般称之为小B）。②新房毛坯房、存量房重新装修，其下游客户主要是装修公司（小B）及终端销售渠道（经销门店是小B，直营门店是C）。

2016～2020年堪称新房精装修业务的黄金时代。 在住宅精装修快速放量、房地产开发商集中度快速提升、房地产集采比例快速提升三大因素的共同驱动下，东方雨虹、三棵树等重点开拓大B业务的公司均实现了收入的快速增长（见图2-3）。

精装修商品住宅新开盘在2016～2019年年复合增速高达42%，2020年略有下降，但仍维持在高位，主要受部分城市的新房限价政策及房地产开发企业整体资金较为紧张影响。根据奥维云网的统计数据，2021年全国新开盘精装修商品住宅286.1万套，同比下降12.1%，精装房在新开楼盘总量中占比34.6%。参照发达国家住宅精装修80%以上的渗透率，我们判断精装修渗透率提升依然是大势所趋，在未来5～10年有望逐步提升至50%以上。

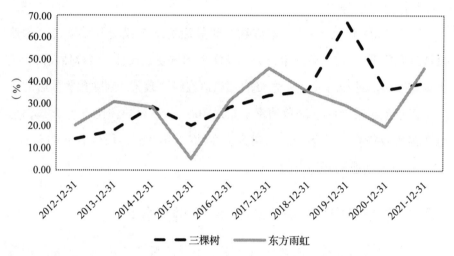

图2-3　2012～2021年东方雨虹、三棵树年收入增速

资料来源：Wind。

而从装修渠道来看，新房精装修和存量房改造性装修占比也在快速提升，两者共同挤占了毛坯房的市场份额。根据中国建筑装饰协会的数据，新房精装修供给占比由2016年的9.3%提升至2020年的39%，而毛坯房装修占比则由50.3%下降至21.9%，改造性住宅装修占比基本保持稳定（见图2-4）。

从未来行业需求变化趋势来看，存量房改造需求市场有望开启消费建材新蓝海，未来市场需求将逐步从以新房为主转向以存量房为主，渠道结构也将从以大B为主逐步过渡到小B和C主导，具体会在后面章节逐步展开详细讨论。

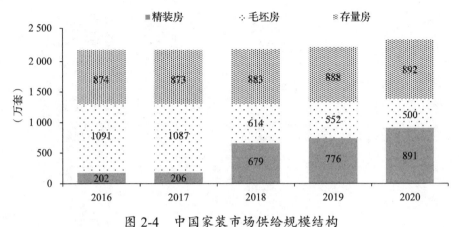

图 2-4　中国家装市场供给规模结构

资料来源：中国建筑装饰协会。

2.2.3　主要细分赛道均为千亿元市场

消费建材主要子行业如建筑陶瓷、防水、塑料管材、建筑涂料、建筑五金等市场需求均在千亿元以上，石膏板由于应用场景受限，市场规模最小，约为200亿元，主要下游需求结构、核心特征、竞争壁垒及核心风险见图2-5。由于消费建材的整体消费频次低，周期大约在10～15年，目前仍以新房增量需求为主，大约占80%以上。存量需求包括两种：①二手房交易带来的重装需求；②老旧房屋使用到一定年限后产生的重装需求，一般住宅在10～15年，公共建筑在6～8年。短期来看，消费建材行业的景气度仍受到新房的影响，新房需求的减弱对于龙头公司的经营情况造成一定影响。而中长期来看，存量房时代即将来临，家装建材相对于工装建材来说，消费者对于质量的重视程度显著提升，龙头公司有望凭借自身的渠道、品牌和服务能力具备充足的竞争实力，市占率有望加速提升。

	防水	建筑涂料	塑料管材	石膏板	建筑陶瓷	建筑五金
下游需求结构	房地产:基建:工业=6:3:1	住宅:公建:其他=7:2:1	房地产:基建:农村=2:4:3	商业房地产:住宅=3:7	住宅:公建:其他=7:2:1	住宅:公建:其他=7:2:1
核心特征	隐蔽工程,终端客户质量敏感度高;产品相对标准化,容易做大规模	内墙消费者有品牌认知,名牌有溢价;外墙涂料影响美观度,客户对定制化、产品相关需求存量房相关度高,稳定性高;外墙涂料主要替代瓷砖	非房地产需求占比高,需求稳定性较高;B端龙头有成本优势;C端服务加剧;消费者有一定质量敏感度,对混凝土管有较大替代空间	相对偏重资产企业,龙头有成本优势;高低端产品能够分价出本优势,产品性能差,产品性能差异	B端SKU较少,有一定规模优势和成本优势;C端品牌认知度较弱;B端主要参与者较多,竞争较为激烈,外墙涂料可能替代瓷砖	客户需求十分零散,产品非标属性强
竞争壁垒	质量+服务+资金	C端品牌+B端服务	B端成本+质量+C端渠道	成本+品牌	B端成本+渠道	渠道+品类
核心风险	原材料沥青必须现款现货,营运资金有压力	C端竞争激烈,渠道和广告支出大,厂家利润率难以提升	B端成本差异不够大,最后演变为价格竞争	商业房地产空置率高、装修需求减少,新建需求下滑	集采增速高,但带来可能演化为价格和资金竞争	扩销售直销模式带来收入增长有天花板,销售流失率高,新进入者扩品类较难

图 2-5 消费建材主要子行业下游需求情况概况

防水：与新开工强相关，基建及存量翻新需求贡献增量

目前中国防水需求主要与房地产新开工相关。防水与新开工更相关的环节主要包括地下室底板、墙板、顶板等，占到总需求的60%～70%。防水与竣工更相关的环节，主要包括屋面及厨卫防水等，占到总需求的30%～40%。历史上，防水行业销售收入与基建、房地产行业开工面积呈正相关关系，2012和2015年是防水行业需求景气度的相对低点，与房地产新开工面积走势一致。

根据中国建筑防水协会数据，2021年中国规模以上防水企业（收入大于2000万元）839家，实现收入1262亿元，同比增长13.2%（见图2-6）。据此测算，含规模以下企业的防水总收入约为1842亿元，假设沥青防水卷材材料价格为20元/米^2，并主要考虑以下三大应用市场：①增量房屋建筑防水市场。2017～2021年，房屋建筑新开工面积（包含各类房屋建筑，如住宅、商业用房、厂房、科研用房等）平均每年约为52亿平方米，则全国新增房屋防水市场规模为1040亿元。②基建防水市场。高铁、地铁、隧道、人防、地下管廊、水利等基建相关防水需求，参考2021年基建投资占总固定资产投资比重为35%，则基建防水市场规模约为442亿元。③存量翻新市场。截至2020年底，中国城镇存量住房面积为359亿平方米，按照20年的重装周期来算，未来年均重装面积高达18亿平方米，对应市场规模约360亿元。

建筑涂料：未来需求转向由新房和存量房共同驱动

建筑涂料产量增速略快于涂料行业增速。中国建筑涂料产量从2011年的345.5万吨增加至2022年的789万吨，产量增速逐渐放缓，2022年建筑涂料占全国涂料产量的比重为29.66%，行业增长将从房地产开发投资驱动转向房地产开发投资和存量房改造共同驱动。中国涂料工业协会预计，"十四五"期间中国建筑涂料行业产量仍有望维持5%的增速，至2025年，建筑涂料行业产量将达到912万吨，占比小幅提升到30.5%（见图2-7）。

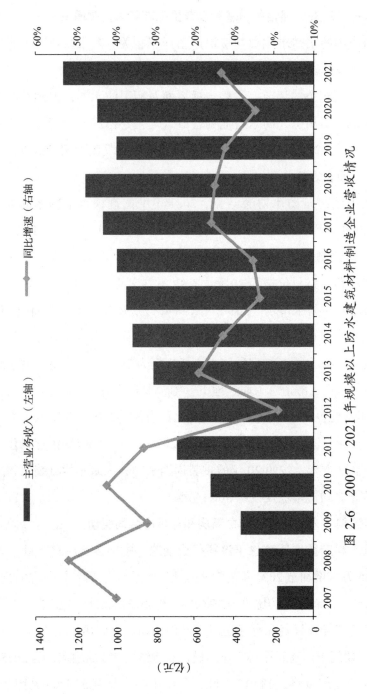

图 2-6 2007～2021 年规模以上防水建筑材料制造企业营收情况

资料来源：中国建筑防水协会。

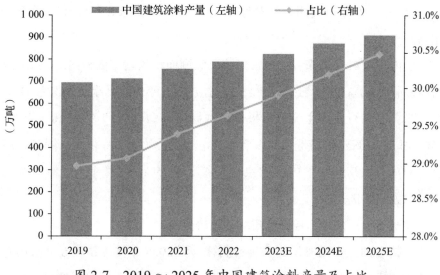

图 2-7　2019～2025 年中国建筑涂料产量及占比

资料来源：中国涂料工业协会。

目前中国建筑涂料主要应用于工程外墙与家装内墙，其中工程外墙涂料市场规模约 586 亿元，家装内墙涂料市场规模约 680 亿元。

从外墙涂料市场来看，考虑到厂房一般不使用涂料，剔除此因素影响，则 2020 年可用涂料建筑业竣工面积为 34.3 亿平方米。通常外墙的涂刷面积约是建筑面积的 0.7 倍，则外墙可施工面积约为 24 亿平方米，考虑到目前新建建筑外立面装饰还有瓷砖、石材、铝板、陶板、玻璃幕墙等材料，一般住宅外墙采用涂料占比超过 85%，则实际新增外墙涂料使用面积约为 20.4 亿平方米。由于外墙涂料施工工序为砂浆腻子、底漆、中层料、主材、罩面分层涂刷，材料均价约为 25 元/米^2，对应的市场规模为 510 亿元。此外我们测算目前存量需求约占总需求的 13%，则对应总体（增量+存量）外墙涂料市场总规模约为 586 亿元。我们认为未来存量需求占比将会提升，若按照 600 亿平方米存量建筑面积测算，假设20年为一个翻新周期，则对应30亿平方米的需求，与新建市场规模相当。

从内墙涂料市场来看，通常内墙可涂刷面积为竣工面积的2.5倍，同时我们假设60%的内墙选择涂料，则对应2020年内墙可涂刷面积为51亿平方米。参考行业内主流公司报价，材料均价（出厂价）约为10元/米^2（含辅材），则新建市场带来的内墙涂料市场规模约为510亿元，同时我们测算目前存量房相关的内墙重涂收入占比约25%，则整个内墙涂料市场规模约为680亿元。

建筑五金：门窗门控细分市场规模较大

根据坚朗五金招股说明书进行测算，到2025年传统建筑五金市场有望达1145亿元，其中门窗五金、门控五金为最大的两个细分市场。2022年门窗五金、门控五金、点支承玻璃幕墙构配件、不锈钢护栏构配件四个细分市场规模合计为996亿元，较2021年的940亿元增长6.0%。到2025年，上述四个细分市场规模合计可达1145亿元，2022～2025年市场规模年复合增速为4.8%（见图2-8）。

塑料管材：与基建和房地产高相关，旧改贡献最大增量

中国塑料管材行业自1999年开始进入产业化快速发展阶段，2000～2010年年产量复合增速高达27%。2008年"四万亿"刺激政策后，行业迎来阶段性爆发式增长，2008～2010年连续三年产量增速达25%以上，2010年增速冲高到44.8%之后开始逐步回落。2014年产量增速跌破10%，此后进入低增速阶段，"十三五"期间年产量复合增速为3.5%。目前塑料管材行业已进入平稳发展期，2021年中国塑料管材产量为1677万吨，同比增长2.5%（见图2-9）。

塑料管材行业景气度与下游房地产、基建景气度相关度高。以中国联塑为例，其塑料管材产品下游主要为房地产和基建，2008年以来公司的营收增速与房地产、基建周期走势吻合度较高，在2012年、2015年这两个基建、房地产周期的低点，均对应出现了中国联塑营收增速的阶段性底部（见图2-10）。

建筑五金市场空间为1145亿元

门窗五金483亿元		门控五金514亿元	点支承玻璃幕墙构配件99亿元	不锈钢护栏构配件49亿元
增量市场314亿元	存量市场169亿元	2010年门控五金市场规模约290亿元	点支承玻璃幕墙占建筑幕墙产值10%左右	2025年住宅建筑不锈钢护栏构配件市场规模约25亿元
商品房销售面积19.4亿平方米	2025年应修缮存量建筑规模10.48亿平方米	÷	×	+
×	×	2010年商业地产销售面积约8 885万平方米	金属配件占点支承玻璃幕墙配件15%左右	2025年商业及公共建筑中不锈钢护栏构配件市场规模约24亿元
门窗面积约占建筑面积25%	门窗面积约占建筑面积25%	×	×	
×	×	预计2025年商业地产销售面积15 744万平方米	预计2025年建筑幕墙工程总产值6 600亿元	
门窗面积比1套/1.5米²	门窗面积比1套/1.5米²			
×	×			
门窗五金均价97元/套	门窗五金均价97元/套			

图2-8　2025年传统建筑五金市场规模测算

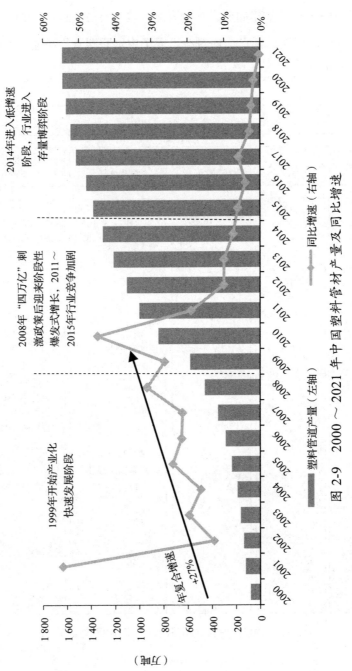

图 2-9 2000～2021 年中国塑料管材产量及同比增速

资料来源：中国塑料加工工业协会。

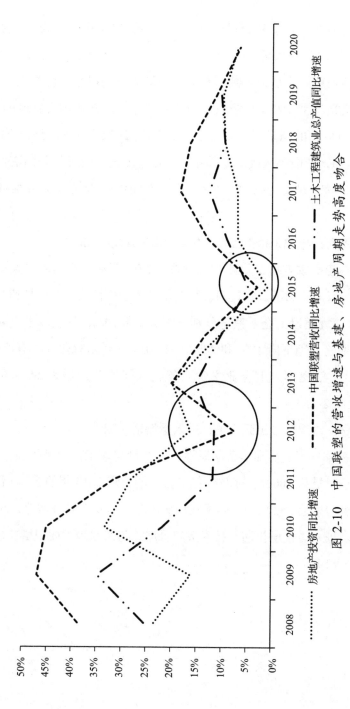

图 2-10 中国联塑的营收增速与基建、房地产周期走势高度吻合

资料来源：公司公告、Wind。

值得注意的是，塑料管材的需求结构主要以工程需求为主，主要是因为零售端房地产家装管材更新换代周期更长。一般二手房装修时，如果需要撬地板可能会更换家装管材，零售端需求仍以毛坯房为主。此外，老旧小区改造将带动相关的燃气、电力、排水、供热等配套管网的投资，近年来成为最大的需求增量。在我们测算的2022年塑料管材总体需求6%的增速中，老旧小区改造、基建、农业、房地产竣工将分别增长3%、1.2%、1.2%和0.6%。而整个"十四五"期间的需求结构也将维持这一态势。

建筑陶瓷：与竣工相关度高，供给侧结构性改革加速

建筑陶瓷需求与竣工面积相关度高，2017年在下游需求增速放缓以及环保提标双重压力下，建筑陶瓷行业供给侧结构性改革开始加速。2017年及2018年规模以上企业数量分别下滑2%和10%，规模以上企业主营业务收入增速分别下降10%和28%。自2019年开始行业收入有所恢复，2019~2021年规模以上企业主营业务收入同比分别增长2.9%、1%和11.1%（见图2-11）。

石膏板：需求与竣工强相关，进入缓慢增长期

石膏板兼具工业品和消费品属性，其产量与竣工面积呈较强相关性。中国石膏板产量从2002年的1.73亿平方米增长到2014年的34.44亿平方米，年复合增速达28.3%，远高于同期房屋竣工面积年复合增速。2018年后行业需求进入缓慢增长期，石膏板产量增速与房屋竣工面积增速趋于一致（见图2-12）。

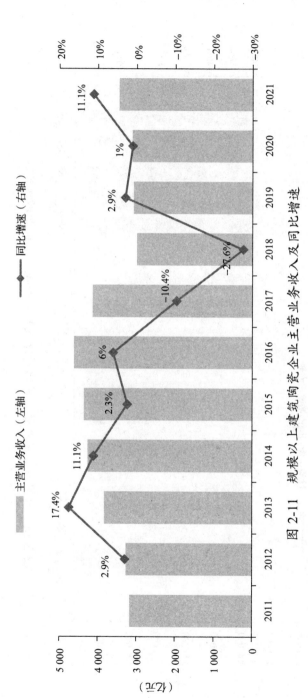

图 2-11 规模以上建筑陶瓷企业主营业务收入及同比增速

资料来源：卓创资讯。

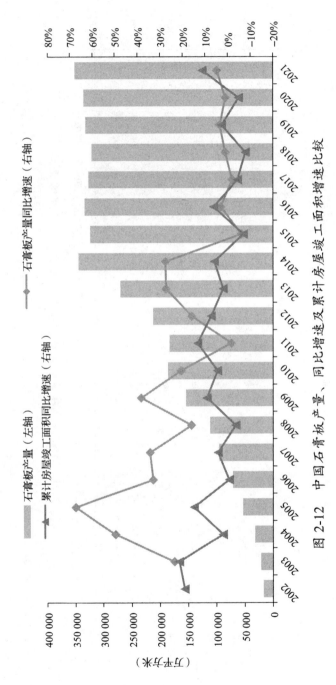

图 2-12 中国石膏板产量、同比增速及累计房屋竣工面积增速比较

资料来源:Wind。

2.3 竞争格局：龙头强者恒强，渠道变革加速

2.3.1 市占率现状及未来提升路径

支撑消费建材长期增长非常重要的逻辑是竞争格局的持续改善。从现状来看，行业竞争格局整体较为分散，主要原因是中国城镇化起步相对发达国家较晚。行业竞争格局的演变主要分为两个阶段：

第一个阶段是从 1999 年房地产市场化改革到 2008 年"四万亿"投资，再到 2010 年新一轮房地产调控前。在这一轮房地产黄金增长期中，大量中小企业进入市场，这个阶段市场主要体现为量和价的竞争——更大的规模、更低的价格，龙头公司与中小企业共同蛮荒生长。1999～2010 年，规模以上建材企业营业收入年复合增速达 21.7%。行业龙头东方雨虹则表现出更高的增速，公司在 2006～2010 年的营业收入年复合增速高达 54.4%。

第二个阶段是从 2011 年开始的新一轮房地产调控至今。这个阶段行业竞争开始发生一些变化，房地产在宏观调控下整体增速有所放缓且波动加大。行业增速放缓，企业之间的竞争开始从简单的量、价竞争演变为包括产能、成本、渠道、品牌、融资能力在内的综合竞争。龙头公司市占率进一步提升，大量的中小企业被淘汰。2011～2021 年，规模以上建材企业营业收入年复合增速降至 8.0%，但行业龙头东方雨虹增速依然较为强劲，公司在这一期间的营业收入年复合增速达 26.2%。

尽管如此，从目前主要的几个子行业来看，消费建材龙头公司的市占率依然比较低。截至 2021 年末，只有石膏板行业达到垄断竞争的格局，北新建材市占率达到 67.7%；建筑涂料行业市占率最高的仍是外资企业，立邦中国 2021 年市占率达 11.7%，但国内企业如三棵树、亚士

创能市占率也在快速提升；防水和塑料管材行业由于标准化程度高，龙头公司东方雨虹和中国联塑较早地进行全国化布局，市占率相对较高；陶瓷砖行业集中度最低，三家上市公司2021年市占率仅为5.4%（见表2-3）。

表2-3 消费建材主要公司市占率情况 （%）

子行业	公司	2018年市占率	2019年市占率	2020年市占率	2021年市占率
建筑涂料	立邦中国	9.2	9.6	10.4	11.7
	多乐士	4.5	4.2	2.4	2.6
	三棵树	2.0	2.8	3.5	4.4
	亚士创能	0.9	1.3	1.7	1.9
防水	东方雨虹	6.9	10.5	11.1	14.1
	科顺股份	1.9	3.3	4.0	4.3
	凯伦股份	0.4	0.8	1.3	1.4
塑料管材	中国联塑	15.1	16.4	17.2	20.0
	伟星新材	2.9	2.9	3.1	4.0
	永高股份	3.4	3.9	4.3	5.6
陶瓷砖	东鹏控股	1.8	1.8	1.9	1.9
	蒙娜丽莎	1.1	1.2	1.5	2.0
	帝欧家居	1.2	1.6	1.6	1.5
石膏板	北新建材	58.2	59.2	60.1	67.7

注：建筑涂料、防水行业按收入计算市占率，塑料管材、陶瓷砖、石膏板行业按销量计算市占率。

资料来源：根据公司年报、中国陶瓷工业协会、中国建筑防水材料工业协会等的数据计算。

展望未来，参照发达国家的经验，龙头公司市占率仍有巨大的提升空间，提升的路径主要包括：①**扩产能**。行业龙头公司尤其是上市公司，可以借助资本市场继续加速扩产能，实现全国化布局。②**扩品类**。龙头公司在巩固其细分赛道地位的同时，进行相关品类的扩张，实现从单一品类到全品类综合建材公司的转型。③**扩渠道**。在房地产投资增速趋缓的背景下，行业龙头公司已经率先开始渠道下沉，在渠道商及终端网点布局方面实现了领先。④**品牌竞争加速优胜劣汰**。存量时代竞争要素发生变化，尤其是零售市场消费者更关注品牌、环保及售后服务，市场份额将加速向拥有品牌的龙头公司集中。⑤**"双碳"加速落后产能出清**。在"碳达峰、碳中和"的背景下，落后产能将加快出清。在环保趋严、能耗双控、行业提标等因素的驱动下，小企业由于更高的单位能耗和碳排放而面临被加速淘汰的局面。即将到来的存量时代将是综合性的竞争，消费建材龙头公司将凭借自身的产能布局、品类、品牌、渠道、成本优势和综合服务能力，继续快速提升市占率。

防水：行业提标，龙头加速扩产能、扩品类

从过往数据来看，防水行业集中度自 2014 年以来在加速提升，东方雨虹等龙头公司份额提升更快，这主要是由于：①防水行业品牌效应增强，下游客户对质量的敏感度大于对价格的敏感度；②下游房地产客户集中度快速提升，且提升了集采准入门槛，要求防水企业有较高的垫资能力，东方雨虹等龙头公司更有竞争力；③东方雨虹等龙头公司依靠完善的生产基地、更广泛的销售渠道、更强大的集采能力及研发能力加快构建了"护城河"。2014 年东方雨虹、科顺股份、凯伦股份的市占率分别为 3.1%、0.8%、0.1%，到 2021 年这三家公司市占率为 14.1%、4.3%、1.4%，分别提升了 11、3.5、1.3 个百分点（见图 2-13）。

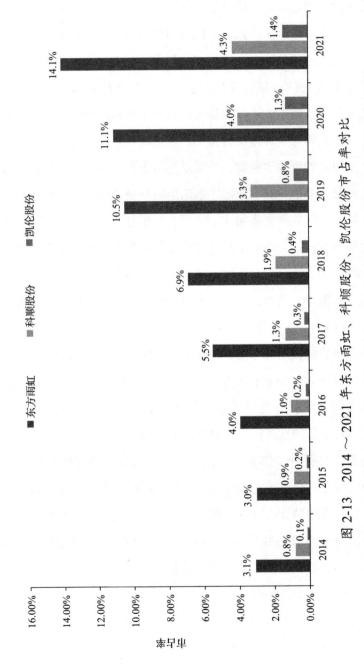

图 2-13 2014~2021 年东方雨虹、科顺股份、凯伦股份市占率对比

注:假设规模以下防水企业整体收入规模的 70% 左右,市占率=防水上市公司收入/(规模以上防水企业收入/70%)。

资料来源:中国建筑防水协会、Wind。

防水行业市占率加速提升的重要契机是防水新规的落地。2022 年，住建部发文批准《建筑与市政工程防水通用规范》发布（以下简称新规），自 2023 年 4 月 1 日起实施。该规范为强制性工程建设规范，全部条文必须严格执行。新规要求建筑工程防水设计工作年限总体显著提升，除了明确设计工作年限之外，对室内工程、屋面工程和蓄水工程内壁防水三个应用场景的防水年限进行了提升（见表 2-4）。①室内工程防水的要求大幅提升：正式出台的新规对于室内工程防水的要求从征求意见稿的"不低于 15 年"进一步提升至"不低于 25 年"；②提升二级屋面工程防水的设计年限：此前使用的《坡屋面工程技术规范》相关规定中指出，"一级不低于 20 年，二级不低于 10 年"，新规不分等级统一要求屋面工程防水年限不低于 20 年；③蓄水工程内壁防水设计年限首次给予明确规定，不低于 10 年。此外，相较于征求意见稿，新规中删除了外墙工程防水年限的界定，此前在征求意见稿中的规定为"外墙工程防水设计工作年限不应低于 25 年"。最终落地的新规中删除了相关表述，体现出新规对室内和屋面防水工程的侧重。

表 2-4　防水新规、征求意见稿以及旧规中关于防水年限的界定

	新规	征求意见稿	旧规
地下工程	不低于结构设计工作年限（住宅建筑设计工作年限不应低于 50 年）	不低于结构设计工作年限	不低于结构设计工作年限
屋面工程	不低于 20 年	不低于 20 年	一级不低于 20 年，二级不低于 10 年
外墙工程	未明确	不低于 25 年	未明确
室内工程	不低于 25 年	不低于 15 年	未明确
桥梁桥面	不低于路面工作年限	不低于路面工作年限	一级不低于 15 年，二级不低于 10 年
蓄水工程内壁防水	不低于 10 年	不低于 10 年	未明确

资料来源：《建筑与市政工程防水通用规范》《建筑与市政工程防水通用规范（征求意见稿）》。

在新房集采领域，龙头公司的市场份额有望进一步提升。 从 2013～2021 年中国房地产行业 500 强企业的首选防水材料供应商品牌来看，2021 年东方雨虹、科顺的首选率分别达到 36%、18%，分别较 2016 年提升了 6 个和 3 个百分点，而宏源等其他企业首选率则整体呈现下降趋势（见表 2-5）。从房地产业主招标的角度，产品质量更为优秀的企业依靠更强的研发实力、更稳定的产品质量、更成熟的综合服务体系，有望获得更高的市场份额。

建筑涂料：外资品牌占据头部市场，国产品牌快速追赶

目前中国建筑涂料头部市场基本上被外资品牌占据，但国产品牌近年来在快速追赶中。中国建筑涂料企业起步较晚，规模小，产品竞争力偏弱，科技创新和研发能力薄弱。而外资品牌品牌效应突出，拥有更高的品质，全球化的服务和技术创新不断赋能，在竞争中占据先发优势。

据财经媒体《涂界》发布的 2022 年中国涂料企业 100 强排行榜（以 2021 年涂料收入为依据），前 10 强企业合计销售收入为 838.3 亿元，全国市占率为 18.2%（见图 2-14），其集中度相较于美国前 10 强超过 70%、印度前 10 强超过 80% 的集中度，还存在较大的差距。

从近年的总收入增速来看，内资企业三棵树、亚士创能的成长性更强（见图 2-15），这主要受益于工程渠道的来自房地产集采的收入高增长，以及零售渠道的国产品牌的崛起。

从工程渠道来看，内资企业市占率整体呈快速提升态势。2021 年工程漆市场规模约为 698 亿元，前三名分别为立邦、三棵树与亚士漆，其市占率较 2017 年分别提高 4 个、5 个和 2 个百分点（见表 2-6），这主要是由于：①工程漆主要面向房地产商，国产涂料龙头公司市场份额伴随着房地产商的集中度提升及集采模式的推广而加快提升。前 100 强房地产企业销售面积市占率已从 2015 年的 25% 提升至 2021 年的 56%，集采模式也在同期得以快速推广，兼具品牌、成本、资金优势的本土涂料供应商在这一过程中获得了更高的市场份额。②B端客户需要综合考虑价格、品质、服务等多方面因素，内资企业在落地服务能力上比外资企业更有优势。③部分外资品牌（如多乐士）由于房地产客户账期较长且回报率较低等因素而主动退出市场。从未来趋势看，虽然2021年以来房地产集采市场整体增速有所放缓，但内资企业整体市占率仍将继续提升。在2017～2021年房地产500强首选涂料供应商品牌前10中，外资品牌合计首选率由35%降低至18%，国产品牌合计首选率则由61%上升至74%。随着国内龙头公司产能建设的逐渐落地，产能不断释放，工程漆市场份额仍将向内资企业集中。

相较而言，家装漆市场内资品牌替代外资品牌是一个较为缓慢的过程。家装漆的竞争要素主要是品牌与渠道，需要时间逐步沉淀。在家装漆市场，外资品牌进入中国市场较早，进行了多年的消费者教育，品牌积累与渠道建设方面均具有明显的竞争优势，2021年家装漆市场两大龙头仍为立邦和多乐士，市占率分别为15%和7%（见表2-7）。但随着国产品牌的整体崛起，三棵树、嘉宝莉、巴德士等在家装漆领域的市占率开始提升。

建筑五金：供给需求双零散，龙头加快扩品类、扩渠道

建筑五金行业呈现出"供给与需求双零散"的典型特征，属于高度离散的制造业，具有产品应用面广、产品种类繁多、定制产品占比高、客户和订单都比较分散等特点。从供给角度看，2020年中国建筑五金企业约4000家，总收入仅为912亿元，龙头公司坚朗五金市占率仅为7.4%。从需求角度看，定制化产品占比达70%，涵盖了几十万个SKU，且单品附加值较低，2021年坚朗五金前五大客户销售额占全年销售总额的比例仅为2.75%。

表 2-5　2016～2021 年防水品牌名称和房地产商首选率

(%)

序列	2016年 品牌名称	2016年 首选率	2017年 品牌名称	2017年 首选率	2018年 品牌名称	2018年 首选率	2019年 品牌名称	2019年 首选率	2020年 品牌名称	2020年 首选率	2021年 品牌名称	2021年 首选率
1	东方雨虹	30	东方雨虹	30	东方雨虹	25	东方雨虹	36	东方雨虹	36	东方雨虹	36
2	科顺	15	科顺	20	科顺	19	科顺	20	科顺	20	科顺	18
3	宏源	14	宏源	14	宏源	19	宏源	8	北新	7	北新/卓宝	10
4	卓宝	9	卓宝	11	蓝盾	9	蓝盾/卓宝	8	卓宝/大禹	6	雨中情	8
5	蓝盾	5	蓝盾	5	卓宝	9	凯伦/大禹	6	雨中情	5	三棵树	7
6	德生	5	大禹	4	大禹	7	雨中情	2	蓝盾	5	凯伦	6
7	大禹	4	德生	3	德生	4	金拇指	2	三棵树	3	大禹	4
8	禹王	4	禹王	3	蜀羊/凯伦	2	蜀羊	2	宏源	2	蓝盾	3
9	宇虹	3	宇虹	2	禹王	1	禹王	1	宇虹	1	远大洪雨	3
10	大明	2	大明/凯伦	1	金拇指	1	大禹九鼎	1	远大洪雨	1	宏源	1

资料来源：克而瑞、易居研究院。

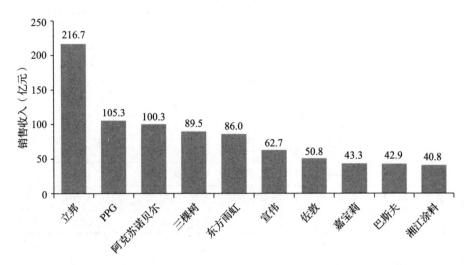

图 2-14 2022年中国涂料企业100强排行榜前10强企业销售收入

资料来源:《涂界》。

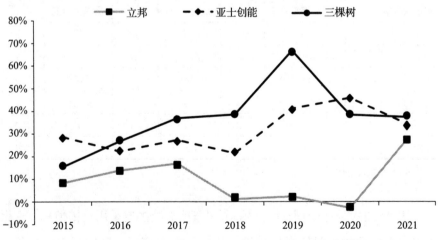

图 2-15 2015~2021年立邦、三棵树、亚士创能营收增速

资料来源:《涂界》、Wind。

表 2-6 内资龙头品牌工程漆市占率持续提升　　　　　　　　　　(%)

2017 年		2018 年		2019 年		2020 年		2021 年	
品牌与龙头品牌集中度	市占率	品牌与龙头品牌集中度	市占率	品牌与龙头品牌集中度	市占率	品牌与龙头品牌集中度	市占率	品牌与龙头品牌集中度	市占率
立邦	5	立邦	5	立邦	6	立邦	8	立邦	9
三棵树	2	三棵树	3	三棵树	4	三棵树	6	三棵树	7
亚士漆	2	亚士漆	2	亚士漆	3	亚士漆	4	亚士漆	4
多乐士	1	富斯特	1	嘉宝莉	2	嘉宝莉	2	嘉宝莉	3
嘉宝莉	1	嘉宝莉	1	多乐士	1	固克	1	美涂士	2
CR5	11	CR5	12	CR5	16	CR5	21	CR5	25

资料来源：《涂界》。

表 2-7 家装漆市占率排名　　　　　　　　　　(%)

2018 年		2019 年		2020 年		2021 年	
品牌与龙头品牌集中度	市占率	品牌与龙头品牌集中度	市占率	品牌与龙头品牌集中度	市占率	品牌与龙头品牌集中度	市占率
立邦	14	立邦	11	立邦	12	立邦	15
多乐士	8	多乐士	7	多乐士	4	多乐士	7
晨阳水漆	2	宣伟华润	2	三棵树	2	三棵树	3
巴德士	2	晨阳水漆	2	宣伟	2	嘉宝莉	2
威士伯华润	2	三棵树	2	巴德士	1	巴德士	2
CR5	28	CR5	24	CR5	21	CR5	29

资料来源：《涂界》。

从目前的竞争格局来看，龙头公司坚朗五金主要采用直销模式，在渠道建设方面已建立起较强的竞争优势。在大 B 市场，坚朗五金的竞争对手主要为海外品牌亚萨合莱、丝吉利娅奥彼、德国诺托，以及内资品牌广东合和、兴三星、立兴杨氏等。坚朗五金产品定位偏中高端，且具备较高的性价比。在小B市场，坚朗五金的主要竞争对手为一线品牌经销商以及其他中低端品牌，竞争优势在于产品种类多，产品质量及售后服务有保障且无渠道加价。

坚朗五金未来提升市占率的主要路径是扩渠道、扩品类。在渠道扩张方面，公司从2016年开始推进渠道下沉战略，截至2021年末拥有超过800个销售网点，实现了除西藏以外的地级市全覆盖，目前正在推进县城市场的加密覆盖。公司在县城销售人员的出单率为省会城市的70%左右，但由于县城中小型客户较多，更看重整合服务能力，在下沉市场建立的渠道竞争优势更牢固。公司积极开发海外市场，近年来已设立13个海外备货仓，将中国仓储式销售复制到海外。此外，公司有望依托渠道下沉开拓学校、酒店、医院等新的集成销售场景，从而降低房地产收入占比（2021年占比在60%左右），分散资金风险并改善现金流。

在品类扩充方面，公司定位为一站式集成供应平台，依托传统建筑五金不断向其他建筑配套件延伸，涵盖智能家居、卫浴、防水、涂料等多个领域，其经营产品品类达130个，产品SKU超2万个。公司品类扩充通过以下形式实现：①初期签订战略合作协议，将新品类纳入公司直销平台；②对于前景较好的品类，以参股的形式实现股权合作，与公司产品实现品类协同；③品类培育成熟后进行股权收购。目前公司参股合作的四季沐歌净水器、和成卫浴（HCG）、帅康厨电、艾美特风扇、森奥装饰材料和施工等已是成熟品牌，在公司平台资源加持下，未来市占率和毛利率有望不断提升。

建筑陶瓷：环保及能耗"双控"加码，供给侧结构性改革加速行业出清

建筑陶瓷行业目前呈现出典型的"大市场、小公司"的特征，龙头公司的集中度在消费建材所有子行业中最低。2021年全国建筑陶瓷实际产量为89亿平方米（国家统计为110.3亿平方米，20%贴牌重复计算），比 2020 年同期增长 4.6%。主营业务收入合计 3457.84 亿元，比 2020 年同期增长 11.1%。前 20 名品牌销售额合计在 705 亿元左右，比 2020 年增加 127 亿元；前 10 强销售额为 553 亿元，市占率为 16%。2021 年 3 家上市公司（蒙娜丽莎、东鹏控股和帝欧家居）合计市占率仅 5.4%，虽然较 2014 年的 1.5% 已有明显增长，但集中度仍很低。行业龙头公司马可波罗市占率仅为 2.7%（见图 2-16）。

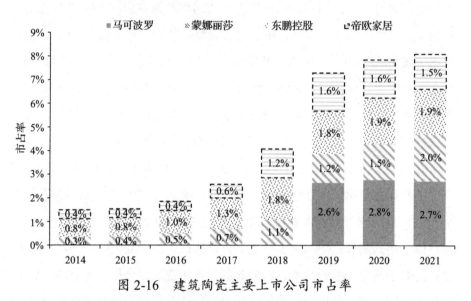

图 2-16 建筑陶瓷主要上市公司市占率

注：马可波罗 2019 年之前无相关数据。
资料来源：各公司公告。

与其他消费建材子行业不同的是，建筑陶瓷属于高能耗、高排放行业，未来行业集中度提升的重要契机是能耗指标收紧、环保趋严带来的落后产能出清，这将加快小企业淘汰速度，龙头公司则在此过程中加快产能扩张及并购整合，市场份额将加快向行业龙头集中。具体来看，行业加快整合的契机如下：①能耗及减排"双控"政策。2021 年建筑陶瓷企业的生产经营和产能扩张均受到限制，蒙娜丽莎、帝欧家居位于广西的生产线受到影响短期停产。②环保压力导致中小企业加快"关停并转"。2008年前后开始的第一轮环保改造升级，导致行业格局剧变。随着2017年以来第二轮环保改造升级的推进，各地建筑陶瓷主产区厂家从主动压缩产能到查封关停的数量增多。2021年规模以上建筑陶瓷企业1048家，较2017年减少了354家，减少了25.2%。③2021年下半年开始的成本大幅上涨加速中小企业出清，2021年有65家陶企涉及破产、清算或重整。④行业并购整合加速。2021年共有14家陶厂整厂成功拍卖，成交总价合计约6.4亿元，在并购扩张上频繁发力的为具备一定规模的陶企，如东鹏控股、蒙娜丽莎。2022年以来头部陶企除了外省并购（加大规模效应、渠道下沉和拓展）外，还进行了较大规模的投资扩张，进一步提升行业集中度。

塑料管材：龙头持续扩产，中长期集中度继续提升

中国塑料管材行业目前已呈现"一超多强"格局，龙头公司中国联塑2020年市占率为16%，领先优势明显，供给格局后续仍有较大优化空间。 行业2020年CR5市占率为24%，其中行业龙头中国联塑市占率为16%，以绝对优势领先于排名第二公元股份的4%。但对比海外成熟市场，2014年欧洲塑料管材行业的CR10市占率已达40%，2012年美国塑料管材龙头供应商JM Eagle的市占率约22%，我们认为国内塑料管材行业竞争格局存在较大优化空间。

企业区域布局呈现"南强北弱"，头部企业形成各自核心竞争区域与产品。 从区域角度看，中国塑料管材行业竞争格局区域特征明显，整体呈现"南强北弱"局面。截至2019年，华东、华南企业数量合计占比59%，东北和西部企业较少，合计仅占17%。由于塑料管材的运输成本问题，头部企业形成各自的核心竞争区域，华东销量领先的为永高股份和中国联塑,占比分别为 9% 和 4%;华南则是中国联塑和雄塑科技领先,占比分别为 48% 和 7%。从产品分类角度看,截至 2019 年,在 PVC 管行业中,中国联塑的渗透率达到 24.4%;在 PPR 管行业中,伟星新材的渗透率达到 7.5%;在 PE 管行业中,沧州明珠的渗透率达到 3.3%。

近年来龙头公司积极异地扩产、布局全国,塑料管材行业集中度持续提升有动能。近年来,行业内规模以上企业在持续发展自身核心市场区域的同时,积极异地建厂扩产,抢占全国市场,形成大区域乃至覆盖全国市场的生产基地布局。市场份额向头部企业集中,塑料管材行业集中化进程加速,行业的 CR5 市占率由 2015 年的 16% 提升至 2020 年的 24%。从以中国联塑为代表的工程端企业及以伟星新材为代表的零售端企业的市占率变化来看,工程端企业市占率提升更为显著(见图 2-17)。

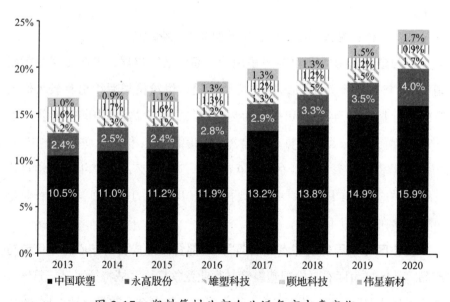

图 2-17 塑料管材头部企业近年市占率变化

注:中国联塑用"销量/全国总产量"计算,其他公司按"产量/全国总产量"计算。

展望未来，塑料管材行业集中度提升的驱动力主要是以下两个：

1）房地产行业集中度提升传导至塑料管材行业：2020年中国联塑、日丰科技、伟星新材分别以29%、15%、14%的首选率位居"500强房地产商首选供应管材品牌"榜前列，在行业分散的前提下，首选率却相对较高，是房地产商与塑料管材企业合作存在惯性的佐证。一般来说房地产商倾向于选择品牌较优、质量有保证的优质塑料管材供应企业。房地产行业格局的优化有望伴随房地产商与塑料管材企业的合作关系传导至塑料管材行业。

2）精装修渗透率提升，房地产集采模式得到强化：如前文所述，近年中国精装修渗透率快速提升，在精装修模式下，房地产商对精装修部品（管道、涂料、家居等）进行集中采购。我们认为在此背景下，塑料管材龙头供应商具备规模、资金、渠道等优势，利于把握房地产商大量集中采购带来的机遇，实现市场份额的加速扩张，行业的"马太效应"或进一步凸显。目前来看，房地产行业集中度提升、精装修渗透率提升仍为中长期发展趋势，塑料管材行业集中度提升、龙头份额加速扩张的逻辑或在中长期持续有效。

石膏板：行业呈垄断竞争格局，龙头靠扩品类实现增长

石膏板行业呈现垄断竞争格局，龙头公司北新建材市占率已超过50%。 目前中国纸面石膏板行业已基本形成了由北新建材及其子公司泰山石膏、外资企业、个体民营企业（以临沂、晋州两地企业为代表）三部分组成的格局。北新建材2021年总产能近33.6亿平方米，产能口径的市占率已达68%⊖（见图2-18）。

⊖ 为四舍五入的结果。

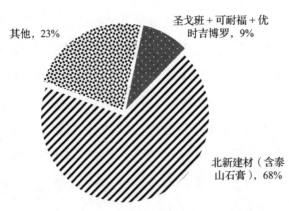

图 2-18 2021 年中国石膏板行业竞争格局

资料来源：Wind。

北新建材目前已开启新建产能的规划，未来总产能目标为 50 亿平方米。 截至 2021 年底，公司已于全国布局 74 个生产基地，并在海外完成第一阶段亚非欧 5 个石膏板生产基地布局。参考美国、日本等市场经验，石膏板行业均呈现高度集中的竞争格局，其中日本吉野石膏的市占率达到 80%。对标日本市场，北新建材在国内的市占率有进一步提升的空间，公司目前在高端市场的市占率约为 50%，竞争对手主要是外资企业。但在中低端市场，仍有 20% 多的市场份额被中小企业占据，未来还有提升空间。公司未来进一步提升市占率的路径主要是以下三个：

1）调结构，提高中高端产品占比，开发差异化产品实现价格提升。 从行业总量来看，石膏板应用领域仍有增加，装配式建筑比例的增加将进一步提升对更高端功能性石膏板的需求，如玻璃纤维石膏板、耐火石膏板。目前龙牌已经研发出了耐火、耐水、净醛、双防、穿孔、相变等多个种类的高端石膏板材，泰山牌则研发出了耐火、耐水石膏板以及 PVC 三防洁净系列和防火吸音系列装饰板等。多样化的高端产品和高质量将提升公司在高端市场的竞争力，使价格能够达到或接近外资企业的水平。

2）扩品类，布局"防水＋涂料"，目前已对收入增长形成较大贡献。 公司自 2019 年开始布局防水业务，截至 2021 年底，公司已拥有 15 个防水材料生产基地，"十四五"期间规划将生产基地扩展至 30 个。公司 2021 年防水板块（防水卷材＋防水涂料＋防水工程）实现收入 37.8 亿元，占公司营业收入比重达 17.9%，在房地产开发企业 500 强品牌首选率达到 10%，排名行业第三。涂料方面，公司目前拥有龙牌漆品牌，产能为 12 万吨，2021 年 9 月收购天津灯塔涂料工业发展有限公司 49% 股权，规划未来产业基地将从目前的 2 个扩展至 20 个。

3）布局海外市场。 公司将通过新建与并购相结合的方式，推进石膏板业务的国际化布局，在坦桑尼亚、乌兹别克斯坦、埃及、泰国等地建设石膏板生产线。截至 2021 年底，公司已在海外完成第一阶段亚非欧 5 个石膏板生产基地布局。2021 年公司海外销售收入占比不足 1%，而圣戈班、USG、可耐福等外资品牌全球化水平相对较高，公司国际市场份额存在较大提升空间，未来计划在海外扩张 10 亿平方米石膏板产能。

2.3.2 渠道变革加速龙头集中度提升

消费建材公司的渠道结构可以划分为以下三种（见图 2-19）：①直销模式，以大 B 市场为主。需求主体主要是采用集采模式的房地产商和建筑商，如万科、碧桂园等房地产商以及中国建筑、中国中铁等建筑总包方等，单体采购体量大。"战略集采"模式使得消费建材企业直接与房地产企业等大客户主体发生采购和结算，过去几年直销市场快速扩张，直接体现为近年来以东方雨虹、三棵树等以大 B 为主要渠道的上市公司实现了快速增长。②经销模式，面向小 B 市场。需求主体主要是小型房地产开发商及建筑公司，以及公装、家装公司等装修公司。下游市场主要是公共建筑、小型基建项目、公寓租赁房、旧改棚改、整体装修等工程项目，单体采购体量较大 B 小，但较 C 端需求相对较高。③经销模式，面向 C 端市场。需求主体为自行采购装修材料的终端消费者，如装修新房毛坯房或者二次装修住宅，每单采购量较小。C 端市场以直营门店或经销商网络为主。

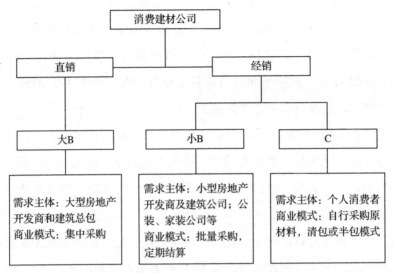

图 2-19　消费建材公司的主要销售渠道构成

通常基建类客户以直销模式为主，房地产类客户则采用直销与经销相结合的模式（见表 2-8）。从主要细分消费建材子公司的直销和经销构成情况来看：

1）防水行业直销占比较高。东方雨虹直销占比约 40%，经销及零售业务占比分别约 45% 和 15%。

2）涂料行业经销占比较高。三棵树经销占比 88%，这和防水需要包工包料，而涂料行业通常不需要包工的商业模式有关。目前涂料大 B 客户选择集采合作伙伴有集中趋势，但不会像防水那么集中，因为涂料是非标品，需要打样、二次投标及技术服务。目前规模较大的涂装企业也倾向于用全国品牌投标，区域小厂生存空间进一步被挤压。

表 2-8 消费建材代表企业经营模式（数据截至 2021 年末）

子行业	公司	渠道结构	渠道占比	提供服务	客户结构	客户占比	服务属性
防水	东方雨虹	直销	40%	可以提供包工包料服务，有工程队	B端	85%	可提供部分施工服务，自有工程人员。同时对经销商进行施工指导
		经销	45%	为工渠合伙人提供标准化施工指导等	C端	15%	产品为主
		零售	15%	销售产品为主，也可以提供修缮服务			
塑料管材	伟星新材	直销	15%	市政工程基本是直销，建筑工程是小B经销的方式，零售基本都是经销，其中30%网点由分公司管理	B端	30%	卖产品
		经销	85%	经销商提供星管家服务，包括产品真伪查询、专业水压测试检查管道密封性、拍摄管道走向图、告知使用注意事项等，避免管道系统中存在的大部分隐患，让伟星管材用户拥有安全可靠的管道系统	C端	70%	产品＋服务
涂料	三棵树	直销	12%	B端大客户占比在逐步收缩，目前包括融创、中海等，2018年起提供部分施工服务，主要通过外包方式解决	B端	74%	若业主要求，可提供部分施工服务，工程队外包

(续)

子行业	公司	渠道结构	渠道占比	提供服务	客户结构	客户占比	服务属性
涂料	三棵树	经销	88%	C端经销商可以提供"马上住"服务，为新房装修、旧房涂刷提供家装业务，涉及墙面、木器、阳台涂刷、厨卫粘贴、瓷砖关缝等	C端	26%	产品＋服务
陶瓷砖	东鹏控股	直销	40%	提供免费上门量房、全屋设计、铺贴指导，送货上门、上门退补货等服务	B端	40%+	卖产品
		经销	60%		C端	50%+	产品＋服务
五金	坚朗五金	直销	97%	建立超2 000人的销售服务团队，300多个销售服务机构提供定期的住前住中住后服务			
		经销	3%				
石膏板	北新建材	直销	小于10%	卖产品			
		经销	大于90%	卖产品			

3）坚朗五金主做直销，目前经销占比约 3%。直销模式的优势之一为价格能直接传导至客户，价格较为稳定，且包括配送服务等。坚朗五金终端价较竞品价格略高约 5%，客户选择坚朗五金主要因公司的全产业链及综合服务优势。

4）石膏板行业龙头北新建材主要采用直销模式。这是因为公司产能市占率基本上处于寡头垄断地位，行业话语权极强。北新建材主要通过密集的经销商销售网络和扁平化的管理，触达下游地产公司、装修公司。

2020 年是比较重要的分水岭，渠道结构开始逐步从大 B 过渡到小 B 及 C。2020 年以前东方雨虹、三棵树等大 B 占比较高的公司，借助房地产企业集中度提升以及集采比例提升均实现了收入的快速增长。从 2020 年开始，房地产"三道红线"政策出台后部分房地产企业资金面收紧，部分消费建材龙头公司积极做渠道下沉及铺设终端网点开拓小 B 及 C 端业务（见表 2-9），在业务领域上加大非房地产业务的拓展，积极开拓公建、市政及旧改、城市更新等新领域，这一趋势从 2021 年下半年开始更为显著。

表 2-9 消费建材各子行业 2021 年末客户结构情况

子行业	公司	大 B 占比	小 B 占比	C 占比	经销商数量
涂料	三棵树	12%	62%	26%	14 848 家
	亚士创能	13%	87%	—	17 580 家
防水	东方雨虹	40%	45%	15%	近 4 000 家
	科顺股份	60%	30% 以上	不到 10%	2 000 家
	凯伦股份	58%	42%	—	700 家
陶瓷砖	蒙娜丽莎	45%	15% 以上	40%	1 540 家

资料来源：各公司公告。

在小B及C时代，消费建材公司的竞争要素也会发生积极变化。大B业务比拼的主要是成本（价格）、资金（垫资能力），要获取更高的份额不得不打价格战，牺牲现金流。但在小B及C时代，消费建材公司主要比拼渠道网络、品牌、售后服务，这需要长时间的积累才能获得优势。兼具全国布局的产能、广泛覆盖终端消费者的渠道网络、较强的品牌和售后服务能力的龙头公司先发优势更突出，市场份额将加速向龙头公司集中，且龙头公司的盈利能力、盈利质量也将提升。

2.4 从财报解读核心竞争力：生产看成本，销售看品牌及渠道

2.4.1 资产结构：板材、建筑五金、防水行业资产较轻，石膏板行业相对重资产

从资产属性来看，可以用"固定资产+在建工程"占总资产的比重来衡量资产的结构，该比例受到投资大小及商业模式的影响。投资大，应收账款以及存货小的企业，该比例高。同时该比例也受到生产模式的影响，OEM比例高的企业自然也属于轻资产企业：①石膏板行业该比例相对较高，在50%～70%波动。因下游90%以上企业采取经销模式，对下游议价能力强，因此应收账款占比都很低。同时产业链地位高，存货较少。②管材和涂料行业次之，该比例大约在20%～30%。③陶瓷砖、防水行业该比例在10%～20%，近期呈现出提升趋势。防水行业主要是因为应收账款在降低，陶瓷砖因头部企业加大自有产能建设而提升了比例；④兔宝宝和坚朗五金资产最轻，兔宝宝主要是因为自有产能占比极低，主要依靠OEM产能来生产，导致固定资产占比低；坚朗五金外购零配件及外协加工两种外协方式的成本占生产成本约50%，模式也相对轻资产。

从在建工程占固定资产比例来看，截至 2021 年底，该比例较高的企业包括亚士创能、三棵树、东方雨虹，这意味着这三家企业未来 1～2 年新增产能较多。

从固定资产周转天数来看，板材行业固定资产周转天数最短，因板材主要上市公司兔宝宝 OEM 产能占比较高、自建工厂较少，导致其账面固定资产金额较少，和其他行业相比，同等收入规模下周转率更高、周转天数更短。陶瓷砖、塑料管材行业资产较重，固定资产周转天数在 80～130 天；石膏板行业固定资产周转天数最长，在 200～300 天。从折旧占成本的比例来看，消费建材各子行业折旧成本占比普遍不足 5%，其中相对较高的企业是北新建材、公元股份和蒙娜丽莎。

2.4.2 现金循环周期：涂料、板材、石膏板、防水、管材行业较短

反映对上下游的占款能力的关键指标是现金循环周期。

现金循环周期 = 应收账款与应收票据周转天数 + 存货周转天数 − 应付账款与应付票据周转天数 − 预收账款周转天数。

综合来看，现金循环周期短的公司，其营运资金压力较小，快速增长所需要的经营占款也较少。如果现金循环周期为负，相当于自己不用投钱，靠经销商和供应商的钱就可以运营。

涂料、板材和石膏板、防水、管材行业现金循环周期较短，2021 年这四个行业现金循环周期分别为 −51 天、6 天、6 天和 9 天。①涂料行业的上游议价能力较强，应付账款周转天数长，存货周转天数短，工程存货有限，零售经销商也承担存货，应收账款周转天数取决于工程端比例及工程端里经销商比例。②板材和石膏板行业因经销和零售业务占比很高，应收账款周转天数较短，但近两年均有明显增长。兔宝宝主要因收购裕丰汉

唐导致 B 端收入增长，北新建材主要是由于账期较长的防水收入占比逐渐提升。③防水行业现金循环周期自 2018 年以来出现明显下降，因 2018 年以来尤其 2020 年以后其直销比例下降，使得存货周转天数下降显著，且应付账款周转天数也有所延长。④管材行业中，伟星新材以零售为主，中国联塑等 B 端销售仍然以经销商为主，应收账款周转天数较短，同时预收账款周转天数相对较长。

现金循环周期相对较长的是建筑五金和陶瓷砖行业，均在 60 ~ 70 天，但建筑五金行业呈现出改善趋势。一方面信息化平台赋能，供应链管理效率提升，存货周转天数下降，另一方面建筑五金行业对上游议价能力提升，应付账款周转天数明显增长。

从公司层面来看，现金循环周期较短的公司包括：三棵树、亚士创能、兔宝宝、中国联塑等。和历史比较来看，现金循环周期一直在好转的公司包括：东方雨虹、科顺股份、坚朗五金、公元股份。

2.4.3 盈利能力：市占率及 C 端业务占比高的龙头 ROE 更稳定

消费建材不同子行业都呈现一定程度的周期性，而优异的消费建材公司在周期相对低点也能实现毛利润的平稳增长。例如可以在需求不高、销量增速放缓的时候实现提价从而带动毛利率提升，或者在成本下降的时候依然维持较高的价格，或者成本上涨的时候价格涨幅超过成本涨幅，从而实现毛利率提升。

消费建材公司的定价权主要来自以下几种情况：①商业模式好，C 端业务占比高，通过品牌升级实现提价，如伟星新材；②市场集中度高，呈现垄断竞争等格局，成本等较竞争对手有较大优势，如北新建材。

北新建材具备高市占率和成本优势，周期性明显被弱化。2007 年以来公司石膏板销量增速始终高于房屋竣工面积同比增速，即使 2015 年房屋竣工面积同比下降7%，公司仍实现了1%的销量同比增速。自2011年市占率提升后，在下游需求不断波动且增速逐渐趋缓的情况下，公司毛利率整体实现稳中有升，在2015年和2018年两个相对需求低点，公司每平方米毛利润依然基本平稳。

2005年收购核心资产泰山石膏后，北新建材ROE稳定提升。 2005年以前，北新建材ROE低于10%，且逐年下降。2005年收购泰山石膏42%股权，ROE逐年稳步提升，到2013年增发以前，北新建材ROE超过20%，其间基本无大幅回撤。2014年、2015年的ROE两年连续下跌，是因为：①2014年增发21亿元扩大产能规模，拉低了资产周转率，同时降低了权益乘数；②2015年房地产投资下行，公司石膏板销量走平，价格下滑接近10%，但是值得注意的是，尽管价格下滑，但2015年的毛利率与前一年对比变化并不大。2019年ROE大幅下降主要是因为当年支付发生的美国石膏板事项和解费、律师费等各项费用19.4亿元，这导致当年净利润大幅下降（见图2-20）。

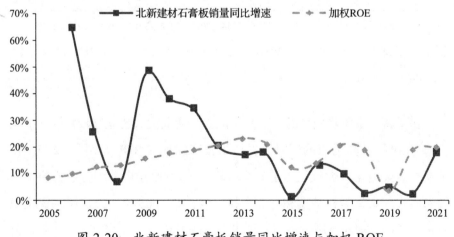

图2-20　北新建材石膏板销量同比增速与加权ROE

资料来源：公司公告。

防水行业龙头东方雨虹也借助较高的市占率与成本管控实现了弱周期性。2009 年以来,东方雨虹单季度收入增速大约滞后房屋新开工面积增速 1 个季度。但 2016 年之后,该特征并不显著,我们估计与下游房地产客户集中度提升加速以及东方雨虹市占率加速提升有关。伴随着东方雨虹市占率的快速提升,公司 2016 年之后收入的周期性正在逐步减弱。反映在毛利率与 ROE 上,东方雨虹的盈利能力也十分强劲,2012 ~ 2016 年毛利率甚至实现了持续提升,加权 ROE 总体稳健(见图 2-21)。

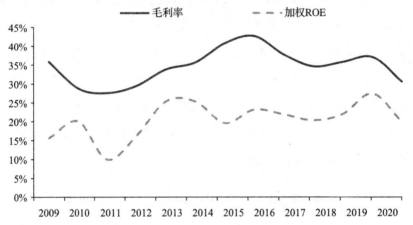

图 2-21 东方雨虹 2012 ~ 2016 年毛利率持续提升,加权 ROE 总体稳健

资料来源:公司公告。

伟星新材主要靠独特的"产品 + 服务"商业模式建立起较强的"护城河",在维持较高增速的同时,保持了较高的加权 ROE(见图 2-22)。伟星新材的渠道拓展大致经历了五个阶段:① 2005 年以前,行业普遍采用批发模式,伟星新材基本和行业保持一致;② 2005 年,公司第一家旗舰专卖店开业,构建品牌战略体系,走上品牌之路;③ 2008 ~ 2012 年,公司建设扁平化渠道,扁平化渠道和专卖模式使得公司对终端网点把控力增

强；④ 2012 年以后，公司推出"星管家"服务；⑤ 2017 年以后，公司实施"零售＋工程"双轮驱动经营战略，并重点培育防水涂料业务。公司推出的"星管家"服务具有较高的进入壁垒，不仅竞争对手短期内难以模仿，而且具有天然的滚雪球效应，为公司积累了大量存量客户并构建了品牌传播渠道。自从"星管家"服务问世，公司家装 PPR 管材的毛利率逐步提升。2013 年公司 PPR 管材毛利率为 51.7%，较 2012 年提高 3.6 个百分点，到 2021 年，PPR 业务毛利率已经高达 55%。

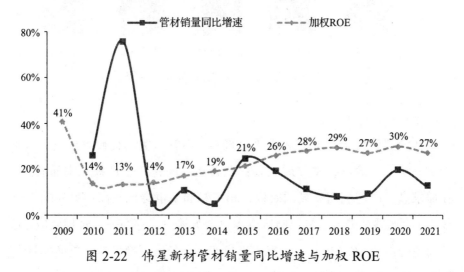

图 2-22　伟星新材管材销量同比增速与加权 ROE

资料来源：Wind、伟星新材公告。

2.4.4　核心竞争力：生产看成本，销售看品牌及渠道

生产端：石膏板和陶瓷砖具备一定规模效应，其余子行业不显著

原材料成本占比越高的子行业，规模效应越弱。生产成本中的可变成本（见图 2-23）主要是原材料成本（线性增加），还有能耗成本，人工、制造费用及其他，运费等（非线性增加），不变成本为折旧。可变成本占总成本的比重越高，产品的规模效应越弱。

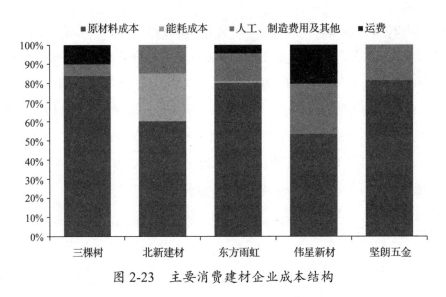

图 2-23 主要消费建材企业成本结构

资料来源：Wind。

从消费建材子行业的规模效应来看，石膏板 > 陶瓷砖 > 建筑五金 > 管材 > 防水 > 涂料，主要原因是：石膏板、陶瓷砖生产线相对重资产，在需求高、产能利用率高的时候，相应利润率也会比较高；另外随着产线（即生产线）扩大，单位制造成本也会被摊薄，存在一定规模效应。C端陶瓷砖由于 SKU 较多，根据需求排产，会经常更换模具，更换模具一般需要半天时间才能够达到稳定生产，因此影响产能利用率，而 B 端陶瓷砖因为单品类量较大，可以提升产能利用率，规模效应更为显著。建筑五金、管材等行业规模效应不显著，主要依靠渠道、品牌、技术研发等竞争，而防水、涂料因原材料成本占比过高，非常轻资产，主要依靠品牌及渠道优势来构建竞争力。

加大 OEM 产能，并有效管理 OEM 产能，将有利于固定资产周转率的提升。兔宝宝是典型的 OEM 产能为主的企业，大约 90% 以上产能通过 OEM 生产完成。公司严格筛选 OEM 厂家，多次抽检保障产品质量最优，因此其固定资产占资产比重以及固定资产周转率都是消费建材企业中最优的。

销售端：C端品牌较为重要，体现在不同产品显著的毛利率差异上

C端的品牌力最终体现在定价权及较高的净利率上，如伟星新材。正在建设品牌的企业广告和渠道投入较高，利润率不高，如三棵树。C端品牌力排名为①高：伟星新材，推行星管家"产品+服务"模式，产品质量优，经销模式扁平化。体现在财务报表上，以家装PPR管材为主营业务的伟星新材，毛利率高于中国联塑等。②较高：蒙娜丽莎，靠广告投入及产品创新，研发费用高于同行。③中等：三棵树，在三、四、五线城市认可度较高，目前正在大力向一、二线城市推进，体现为广告投入大、销售人员多、渠道扶持力度大等，并且产品定位较高端，主打健康，获得国外高端认证机构认可，在报表上则体现为三棵树的家装漆业务毛利率一直高于工程漆。

B端品牌力差异：①最终体现在略高于同行的净利率上；②可以参考房地产首选供应商的排名，是产品、价格、服务的综合结果，品牌能带来的溢价不显著，B端品牌的建立依靠服务网络、B端经销体系、生产基地布局、产品质量及配套服务等多方面。在B端竞争中，头部上市公司品牌力差异对产品价格的影响并不显著，公司之间毛利率差异小，龙头公司优势更多体现在费用率较低上。

经销占比高有助于改善收现比和应收账期。消费建材公司普遍从传统卖产品向"产品+服务"过渡，提升产品竞争力。C端普遍通过服务来带动产品销售，增强产品竞争力。伟星新材的"星管家"模式、三棵树的"马上住"服务等改善了客户体验，有利于增强消费者对高端产品的认同，取得了较好的成绩。B端防水、涂料等龙头公司开始逐步为房地产商提供配套施工服务，增强竞争力。

市占率高、C端业务或经销占比高的企业定价权强。（如表2-10所示）定价权的强弱以应收账款周转天数及经营性现金流量净额/净利润衡量，定价权强的企业应收账款周转天数短，现金流情况好且毛利率稳中有升，可以实现提价幅度高于原材料价格上涨幅度，或在原材料价格下跌时，产品价格仍然保持稳定。从这几个维度看，定价权较强的子行业包括：石膏板、C端管材、C端涂料、C端陶瓷砖、B端管材。定价权较弱的子行业包括：B端涂料、建筑五金、B端防水、B端陶瓷砖等。

2.4.5 盈利质量：收入、利润及增长质量的探究

收入质量：管材、板材、C端涂料等收入质量较高

从子行业收现比情况来看，收现比较高的行业包括管材、板材和石膏板，同时板材与石膏板行业应收占收入的比例很低。这主要与板材、石膏板行业以经销模式为主有关。建筑五金行业收现比最差，因其主要采取直销模式。

从上市公司收现比情况看，经销占比高的企业收现比普遍好。①三棵树收现比稳定，优于亚士创能，因其C端占比高，同时B端经销比例高于亚士创能。②防水行业整体收现比较差，因直销客户占比较高，但整体看，大规模企业在收现比方面有优势。东方雨虹2018年收现比下降，主要因为部分应收票据背书转让支付上游应付账款，其功能相当于现金，但在会计上未当作现金处理，因此导致表面计算的收现比下降较多，若调回来仍有100%以上。③兔宝宝、北新建材收现比长期维持在100%以上，因经销占比普遍都在90%以上，终端账期主要由经销商承担，因此收现比优异。④管材行业收现比整体都比较优异，长期在100%以上，因经销占比较高。伟星新材收现比长期维持在110%以上，因零售占比较高，且工程中经销比例较高。⑤陶瓷砖行业中，帝欧家居2017年将欧神诺并表后，因欧神诺经销占比小，收现比有所下滑。⑥坚朗五金因以直销为主，收现比较低，且近两年下游房地产行业资金状况较差，收现比下降。

第 2 章 | 消费建材：存量时代，变革加速

表 2-10 市占率高、C 端业务或经销占比高的企业定价权较强

行业	公司	2021 年经营性现金流量净额/净利润 (%)	2021 年应收账款+应收票据周转天数（天）	2021 年收现比 (%)	2018 年以来单项产品毛利率变化趋势	2021 年市占率 (%)	2021 年渠道结构
涂料	三棵树	-116	137	98	持续下降	4	约 62% 为小 B 经销商
	亚士创能	189	185	87	先升后降	2	约 87% 为小 B 经销商
板材	兔宝宝	121	57	101	基本稳定	—	经销占比约 59%，直销占比约 38%，品牌授权占比约 3%
石膏板	北新建材	109	36	106	基本稳定	68	经销和零售占比超过 90%
防水	东方雨虹	98	119	111	先升后降	20	直销占比约 40%，经销占比约 60%
	科顺股份	91	193	88	先升后降	5	直销占比约 60%
	凯伦股份	-534	285	62	先升后降	1.9	直销占比约 58%
	伟星新材	130	20	113	稳中小降	4.0	经销占比约 85%，直销占比约 15%
管材	公元股份	59	64	105	先升后降	6	直销占比约 18%，经销占比约 82%
	雄塑科技	5	43	108	波动下降	1	直销占比约 9%，经销占比约 91%
	帝欧家居	-214	221	101	持续下降	2	经销占比超过 40%
陶瓷砖	蒙娜丽莎	-27	88	90	持续下降	2	经销占比约 55%，直销占比约 45%
建筑五金	坚朗五金	61	185	82	先升后降	10	直销占比约 97%，经销占比约 3%

资料来源：各公司公告。

利润质量：伟星新材、北新建材盈利质量较高

毛利率较高（约在30%以上）的子行业有建筑五金、石膏板、防水等，且各个细分行业毛利率有趋同趋势，消费属性更强的公司毛利率更高。从2021年来看，毛利率由高到低依次为：建筑五金（38%）、石膏板（32%）、防水（30%）、陶瓷砖（28%）、涂料（25%），而毛利率较低的行业是板材，毛利率仅18%。从增长趋势来看，2021年各行业毛利率均有所下滑，涂料、防水行业下降幅度较大，主要因为原材料沥青、钛白粉等涨价，但和下游议价能力有限。板材、石膏板毛利率基本与往年持平，管材、陶瓷砖、建筑五金行业也均受原材料价格波动的影响，毛利率小幅下降。

从净利率来看（不考虑2021年重大信用减值损失影响），2021年消费建材整体净利率为10%，伟星新材、北新建材净利率超15%。从公司层面看，伟星新材2020年和2021年净利率分别高达23.4%和19.1%，因其采取零售模式，PPR产品定价高，建立了较强的渠道和品牌壁垒，盈利保持在高水平。北新建材2020年和2021年净利率高达18%和17%，因其在石膏板行业处垄断地位，具备绝对成本优势，同时高端产品占比不断提升。其余B端占比较高的防水、管材、陶瓷砖等行业的上市公司净利率基本在10%左右波动，龙头公司盈利水平略优于规模较小的上市公司。三棵树、亚士创能因处于快速增长期净利率较低，由于提前布局销售人员，销售费用率较高，预计随着销售人员人均产值提升，未来净利率有望向10%左右靠拢。（见图2-24。）

第 2 章 | 消费建材:存量时代,变革加速

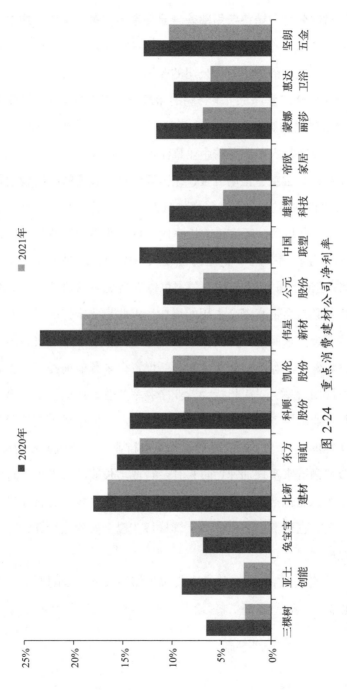

图 2-24 重点消费建材公司净利率

资料来源:各公司公告。

不同建材细分行业销售费用率差异显著是造成净利率差异的主要原因之一。涂料及建筑五金行业的期间费用率高达20%以上，而行业整体费用率仅为15%，较高的费用使得公司的业绩承压。

从经营性现金流量净额/净利润的角度看（不考虑2021年重大信用减值损失对净利润的影响），管材、板材行业整体现金流情况较好，同一细分行业中，经销收入占比高的企业整体现金流情况较好。

增长质量：兔宝宝、坚朗五金、东方雨虹具有较高的可持续增长率

可持续增长率＝净资产收益率×（1－股利支付率），股利支付率＝已经支付股利/净利润，可持续增长率代表着企业不增发新股并保持目前经营效率和财务政策条件下企业销售收入所能增长的最大比率（稳定状态下）。所以理论上看，ROE高的公司可以支持更高的增长率。对企业来讲，销售增长必然会带来资金占用的增加，因此想要维持高增长就必须要解决背后的资金需求问题。资金需求可以通过两个途径来解决，第一个途径是通过存量资产的盘活或优化，在不新增资金来源的前提下，提高经营效率或资产使用效率，对应指标为营业净利率和总资产周转率；第二个途径就是调整企业的财务政策，即改变企业的资产负债率或者调整股利支付政策。从实际的利润增长的情况来看，防水行业上市公司增长速度最快，主要通过股权融资来实现加速增长，其余行业增长速度较平稳。自由现金流累计为正的企业包括伟星新材、公元股份、雄塑科技、北新建材、兔宝宝、坚朗五金、惠达卫浴。整体看，管材行业现金流状况最好，防水行业现金流状况最差。

2021年，兔宝宝的ROE最高，其次为伟星新材、坚朗五金、东方雨虹、北新建材等（见图2-25），理论上ROE高支持更高的利润增速。

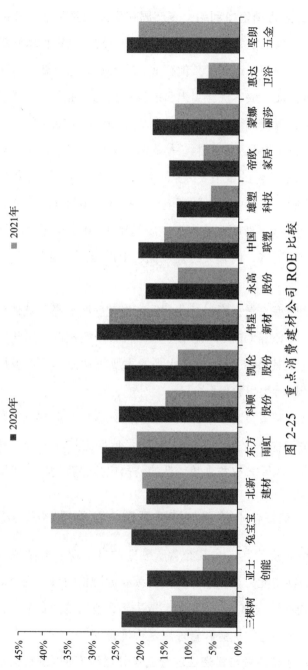

图 2-25 重点消费建材公司 ROE 比较

资料来源：各公司公告。

ROE可拆分为销售净利率、资产周转率及权益乘数，分别反映了公司的盈利能力、营运能力及资本结构。我们发现，从销售净利率来看，石膏板行业的销售净利率远高于其他行业，主要是因为北新建材作为行业垄断龙头，定价权强、成本优势突出，能维持高毛利水平。涂料、防水、建筑五金、管材、陶瓷砖行业的销售净利率在2020～2021年均出现先提升后回落的趋势，主要是受原材料价格先降后升的影响，行业盈利能力变差是导致ROE水平下降的最主要因素。兔宝宝2021年强化零售布局，推行分公司运营机制，在行业下行的环境下仍提升了销售净利率。涂料、陶瓷砖行业销售净利率下滑幅度较大，主要是由于2021年原材料价格上涨较多，导致毛利率下降，陶瓷砖行业还面临上游能源（煤炭、天然气）的价格剧增。

从资产周转率来看，板材行业的资产周转率明显高于其他行业，板材公司兔宝宝主要依靠OEM产能来生产，自有产能较低，因此资产的运营能力更高。这是其ROE保持较高水平的主要驱动力。石膏板行业资产属性偏重，资产周转率也较低。

从资本结构来看，防水、涂料、板材、陶瓷砖行业权益乘数较高，反映了行业的负债水平较高，虽然对ROE形成向上拉动力，但是同时也带来了较高的经营风险。权益乘数较低的公司包括北新建材、伟星新材。

2.4.6 现金流：企业价值创造的源泉，背后是高ROIC驱动

企业的绝对价值其实是其经营所创造的自由现金流贴现得出，企业自由现金流的创造能力至关重要，而持续稳健增长的自由现金流与企业的ROIC（投入资本回报率）息息相关，取决于企业所选的赛道、行业增长与竞争格局、公司的竞争优势和管理层是否优秀。

经营性现金流净额与投资性现金流净额之和（可以理解为自由现金流

的简要指标），可以反映公司为确保业务竞争力，分配了必要的营运资本和资本支出后，可用于自由分配的现金流状况。从该指标来看，现金流较好的行业为石膏板行业，近几年来，经营性现金流在进行资本支出后仍然有较多的余额；涂料和陶瓷砖行业近几年现金流大幅下滑主要是由于新工厂建设支出增加，且陶瓷砖行业整体收现比情况变差；防水行业2019年、2020年现金流情况在逐渐好转，2021年现金流为负主要因东方雨虹存在大额资本支出；管材行业2020年现金流为负主要是因为中国联塑存货增加以及收现比下降导致经营活动现金流减少，拖累板块自由现金流；建筑五金、板材近几年现金流稳步提升，反映公司增长质量在逐步提高。

而通过计算经营性现金流除去资本开支后的现金流净额，可以发现和"经营性现金流净额与投资性现金流净额之和"这个指标相比，变化较大的是管材行业，这说明该行业内公司除资本开支以外的投资较多。细分到公司层面，中国联塑在投资性活动中，将较多的资金用于投资物业、对联营公司的投资、收购附属公司及购买其他金融资产，而用于自建的支出较少。主营业务自由现金流创造能力比较强的公司主要包括：伟星新材、中国联塑、北新建材、兔宝宝等（见图2-26）。

伟星新材具备最高的ROIC，自由现金流创造能力最强。ROIC衡量的是投入资本回报率，既不受财务杠杆的影响，也不受非经常性损益的影响，能够更加直观地评估企业的价值创造能力。从整个行业来看，板材的商业模式最优，2021年除板材行业之外，其他行业ROIC均有所下滑，主要受原材料价格上涨影响。抛开2021年来看，各子行业中，建筑五金行业ROIC在2019年、2020年的改善最为明显，主要是前期费用投入的效果逐渐显现，石膏板、管材、防水行业增长趋势相似，均较稳定地维持在10%以上，陶瓷砖行业有小幅下行，主要因行业竞争仍较为激

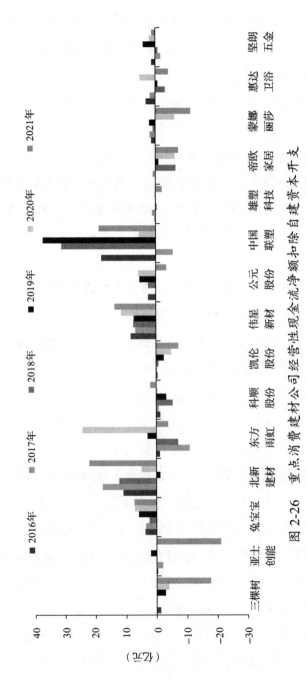

图 2-26 重点消费建材公司经营性现金流净额扣除自建资本开支

资料来源：各公司公告。

烈，盈利能力难有好转，且精装房渗透率逐渐见顶，需求端驱动力有所减弱。涂料行业的 ROIC 在 2019 年、2020 年有小幅改善，但目前仍趋于渠道下沉阶段，2021 年大幅下降主要受原材料涨价冲击影响。从 2021 年来看，ROIC 较高的板块是板材，达到 23%，建筑五金为 20%，石膏板为 16%，管材及防水行业均为 14%，陶瓷砖和涂料行业的 ROIC 分别为 5% 和 −1%。

伟星新材 ROIC 较高，源于其较高的盈利水平，并且财务杠杆低，是高质量成长的典范。坚朗五金近年来 ROIC 明显提升，商业模式逐步得到印证。从重点公司的表现来看，伟星新材的 ROIC 远高于其他公司，2016~2021 年以来均维持在 25% 以上。兔宝宝和伟星新材的运行模式较为相似，随着装饰材料小 B 渠道的拓展，公司 2021 年 ROIC 已超过 20%。另外坚朗五金 ROIC 近两年也有明显增长，直销+集成供应商的商业模式得到印证，长期看，依托信息化平台搭建及线上渠道优势，有望打通售后服务并增强客户黏性，公司人均效能提升空间广阔，预计 ROIC 仍有提升空间。而行业内龙头公司（如北新建材、东方雨虹、中国联塑）整体 ROIC 稳定性优于排序较后公司，反映出消费建材细分行业龙头公司话语权更强，盈利稳定性更高（见图 2-27）。

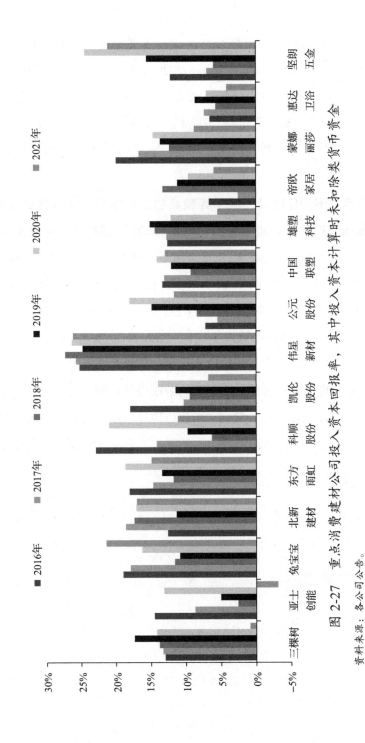

图 2-27 重点消费建材公司投入资本回报率,其中投入资本计算时未扣除类货币资金

资料来源:各公司公告。

| 第 3 章 |

周期建材：规模成本制胜，供给改革新周期

本章主要探讨水泥和玻璃两个偏周期性的子行业，主要研究其需求、供给、竞争格局、行业发展趋势，并探讨其财务指标及资本市场表现。由于周期建材行业在需求和供给上存在不同特点，在研究方法上与消费建材有所区别：①从需求角度看，这两个子行业的周期性主要源自下游投资的周期性波动。水泥、玻璃和消费建材相比产品生命周期更长，水泥的使用寿命基本上和建筑的设计寿命一致，玻璃由于节能改造等因素产品生命周期会略短，但和消费建材平均 10～15 年的更换周期相比要长很多，因此其需求基本上取决于新建建筑的需求。②从供给角度看，和消费建材主要子行业相比，水泥和玻璃生产线投资更大，能耗、排放绝对值及强度更大。国家严格控制新增产能，因而参与竞争的市场主体较少，竞争格局更稳定，但受供给侧结构性改革的影响也更大。此外，玻璃必须连续生产，因而具有供给刚性的特征。

3.1 水泥：需求总量下行，供给新周期

水泥的周期性源于供给与需求扩张或紧缩的不同步性，这主要是自身产能供给周期与下游房地产、基建投资周期叠加共振造成的。一轮典型的水泥周期过程如下：①下游需求（一般是房地产）复苏，水泥产能利用率被推高，水泥价格开始水涨船高；②由于水泥偏早周期的属性，水泥涨价先于上游能源煤炭，所以在水泥价格与成本不对称的上涨过程中，行业整体盈利水平大幅改善，刺激新产能加大投放；③新产线建成（熟料线建设周期为 1～1.5 年）投产后，需求却往往受到房地产限购、货币及财政政策收紧影响开始衰减，供需关系恶化，价格回落。

站在目前时点看，水泥需求已经处于历史的高位，后续行业的增长更多地取决于房地产投资水平、城镇化进程及人口结构等。但经过 2015 年底以来的供给侧结构性改革，行业竞争格局趋于稳定，盈利的稳定性及持续性在增强。

3.1.1 水泥需求：短期看库存，中期看房地产，长期看人口

水泥下游需求主体分别是房地产、基建和农村。其中，房地产需求是顺周期的；基建作为宏观调控的手段之一，有对冲周期的传统；农村需求相对比较稳定，在个别时段（如 2008 年的"四万亿"投资）也有对冲周期的传统，但在大部分时候都是顺周期的。行业普遍接受的认识是，房地产、基建和农村的需求各占 1/3 左右。在局部区域表现出的需求结构有差异，例如在人口稠密、经济发达的东南沿海地区，以房地产需求为主导，而在人烟稀少、依赖财政转移支付的西北、东北地区以基建需求为主导。总体上，房地产在全国整体起到决定水泥行业景气度的作用。

在没有政策干预的情况下，水泥周期强度一般弱于钢铁、煤炭，与需

求结构以及新产能建设周期有关。2015年11月，中央提出供给"三去一降一补"的供给侧结构性改革，在水泥行业主要体现为通过"去产量"达到"去产能"的效果。2015～2021年，水泥行业净新增产能得到了有效控制，尤其是自"国办发〔2016〕34号"文件发布之后，新增产能刹住了车，错峰生产、环保限产逐步常态化。

2015年以来，在供给侧结构性改革推动的新周期下，水泥的传统周期传导机制（见图3-1）被打破，水泥的价格中枢相较传统周期得以抬升，水泥行业的盈利能力及稳定性均得到了有效提升（见图3-2）。①房地产行业集中度的提升增强了行业抵御风险的能力，在政策收缩对房地产信用支持的情况下，通过加快销售回款实现高周转开发。另外，房地产调控长效机制的建立，有助于进一步平抑需求波动。②水泥行业的高景气度并未招致产能扩建，产能周期传导路径被打破，可见的未来我们能看到产能的退出，退出的主要途径将以环保、低能耗、技术、安全等作为突破口。③在没有新产能进入的情况下，大企业主导的行业自律更容易达成，进一步兼并重组稳步提升行业集中度。

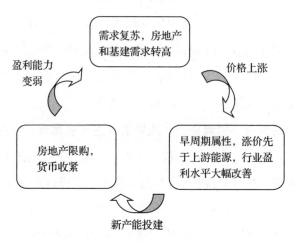

图 3-1　水泥的传统周期传导机制示意图

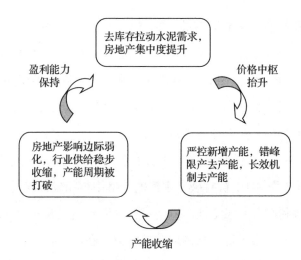

图 3-2　2015 年以来的新水泥周期传导机制示意图

周期性弱化的同时，水泥的季节性在强化。从 2003～2021 年全国水泥价格的涨跌幅情况来看，2004 年、2015 年情况较特殊，因为宏观调控、房地产投资疲软等因素，价格从年头跌到年尾，所以没有观察到明确的旺季信号，其他年份里水泥淡旺季价格变动幅度是比较显著的（见表 3-1）。2016 年新一轮周期以来可以明显看出：①旺季水泥价格涨幅高于历史平均水平，其中 2016 年从谷底反弹幅度较大，2017～2019 年及 2021 年的两个旺季涨价幅度均较为可观；②淡季杀跌的动能也较强，在扩张周期当中，2016 年以来的淡季价格回调幅度是历史同期当中较大的。这种季节性的强化主要与错峰限产、进口熟料冲击有关。

从水泥的需求决定因素来看，短期需求主要看库存。库存是衡量短期供求压力的直观指标，决定短期价格走向。水泥生产基地在设计之初主要针对小库房建设。按照建设部⊖发布的《水泥工厂设计规范》，水泥库房建

⊖ 2008 年，第 11 届全国人大第一次会议通过国务院机构改革方案，组建住房和城乡建设部。不再保留建设部。

表 3-1 2003～2021 年水泥淡旺季区间及价格涨跌幅

年份	旺季区间	旺季涨幅	淡季区间	淡季涨幅
2003	3月～11月	11.82%	11月～12月	-0.80%
2004	—	—	1月～12月	-9.84%
2005	4月～5月, 9月～10月	0.74%, 0.30%	1月～4月, 5月～9月	-3.29%, -1.57%
2006	1月～4月, 5月～11月	0.61%, 5.12%	4月～5月, 11月～12月	-0.05%, -1.59%
2007	3月～11月	13.93%	1月～3月, 11月～12月	-0.29%, -1.42%
2008	1月～4月, 5月～8月	6.40%, 15.48%	4月～5月, 8月～12月	-0.28%, -2.63%
2009	3月～5月, 7月～12月	1.13%, 3.80%	1月～3月, 5月～7月	-3.37%, -1.58%
2010	3月～4月, 7月～11月	0.44%, 19.80%	1月～3月, 4月～7月	-1.10%, -1.41%
2011	3月～6月	6.72%	1月～3月, 6月～12月	-2.85%, -10.00%
2012	8月～11月	7.92%	1月～8月, 11月～12月	-14.03%, -2.36%
2013	3月～5月, 7月～12月	2.44%, 10.51%	1月～3月, 5月～7月	-0.70%, -2.10%
2014	9月～10月	1.56%	1月～9月, 10月～12月	-13.52%, -0.43%
2015	—	—	1月～12月	-14.19%
2016	3月～12月	31.36%	1月～3月	-1.78%
2017	2月～5月, 8月～12月	6.27%, 23.13%	1月～2月, 5月～8月	-1.06%, -3.93%
2018	3月～6月, 8月～12月	7.61%, 12.41%	1月～3月, 6月～8月	-5.72%, -3.64%
2019	3月～5月, 8月～12月	4.00%, 10.05%	1月～3月, 5月～8月	-7.80%, -2.88%
2020	4月～5月, 8月～11月	1.84%, 7.50%	1月～4月, 6月～7月	-8.97%, -4.47%
2021	3月～5月, 8月～10月	8.86%, 47.64%	1月～3月, 6月～8月	-1.31%, -10.12%

资料来源：数字水泥网。

设标准一般根据工厂规模、物料来源、物料性能、运输方式、储库形式、工厂控制水平、市场因素等确定。其中熟料库要求储存5～20天，水泥库要满足储存3～14天的要求。所以储存原材料、在产品和产成品的水泥库房规模都不大，这主要也是考虑到水泥易与空气中的水分发生反应失效，不耐长期存储，存储期超过3个月会被重新检测，甚至降低标号使用。

小库房在后续实际运营中难以进一步扩大，当旺季水泥生产受到限电、错峰、环保临停等外部冲击导致供给短期无法跟上需求时，库存难以发挥缓冲作用，库容比短期快速下降，使水泥行业在旺季掌握了价格的主动权。由于水泥库存总体较小，国内进口量有限，所以在大部分时间可以将水泥产量视为表观需求量，但产量的下滑并不绝对由需求下降所致，需结合实际情况具体分析。如2021年9月、10月产量的下滑，结合库存快速下降、价格上涨的情况，可知主要是因为限电、限产造成的供给主动收缩。

水泥中期需求主要看房地产。房地产销售面积是先行指标，新开工面积有一定的提前量，施工面积是同步指标。 房地产销售向新开工传导有滞后性，但是在2015年以后，这种销售向新开工传导的时延明显在缩短。以往6～9个月的传导时滞，在本轮周期表现出并不显著的特性，销售、新开工、水泥生产几乎是同步进行的。这主要与新周期以来的高周转、强韧性及政策疏导特征有关。新开工面积增速自2016年4月阶段性见顶以来，表现出较强的韧性，支撑了2017～2019年水泥的高景气度，但2021年下半年开始，房地产新开工面积快速下滑，预计未来水泥需求端将开始出现下滑压力（见图3-3）。

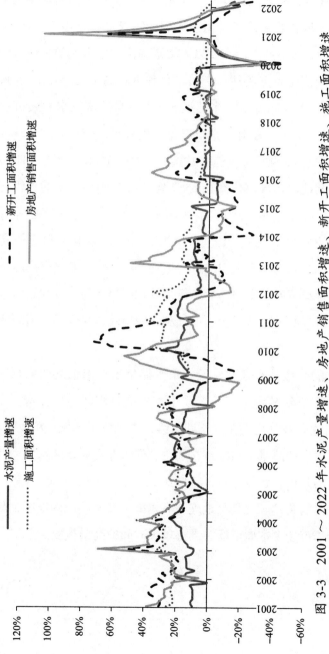

图 3-3 2001~2022 年水泥产量增速、房地产销售面积增速、新开工面积增速、施工面积增速

资料来源：Wind。

水泥的长期需求看人口结构，应主要关注区域人口自然增长率、区域间人口流动、城市化率水平。由于水泥的需求最终是由人类活动（住房、交通、水利建设等）产生的，所以人类活动决定了水泥的长期走向。以下两类市场长期值得重点关注：①城市化程度较高（>65%，对外来务工人员有吸引力）、人口净增长较多的地区（人口自然增长率和人口净流入双高），如广东、浙江、海南；②城市化程度较低（<55%），人口自然增长率稳定的地区，如西藏、新疆、甘肃、广西、贵州、云南、四川，主要是西南和西北地区。城市化率在65%及以上和60%以下的省级行政区分别为12个和10个，是一个较为平均的"橄榄形"分布（见图3-4）。橄榄的上部拥有制度、就业、教育、医疗优势，对外来人口有较高的吸引力，但是距离城市化率超过80%的地区仍然有进一步城市化的空间；橄榄的下部尽管经济发展水平落后，但是受益于财政转移支付，属于战略振兴区域，拥有较好的自然增长人口红利，城市化水平落后，有较大的发展空间。

从需求的区域分布来看，近年来水泥呈现出南强北弱的局面，2011年以来水泥产量年复合增速排名前十的省级行政区主要在南方地区（见图3-5）。这种区域分化会在中长期持续，主要源于区域经济发展不平衡。目前国内水泥生产总量仍然维持在高位，但行业内对未来水泥消费总量下滑也有一定的共识，在行业不再新增产能之后，需求的持续性是决定区域市场长期走向的关键。尤其是地理上有隔阂、交通不便的地区，其需求无法扩散到相邻市场，本地市场会维持较长时间的高景气度。

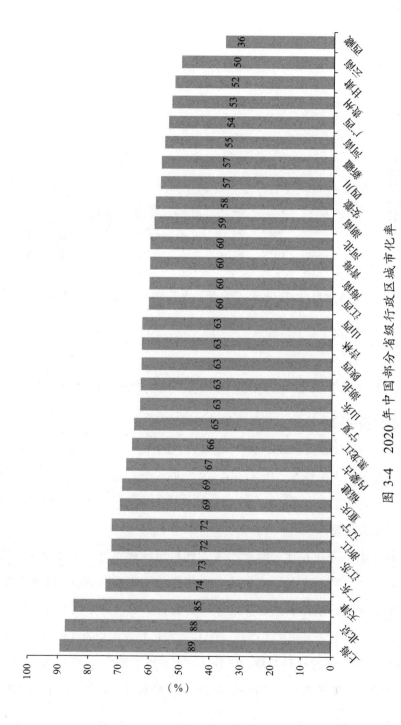

图 3-4 2020 年中国部分省级行政区城市化率

资料来源：Wind。

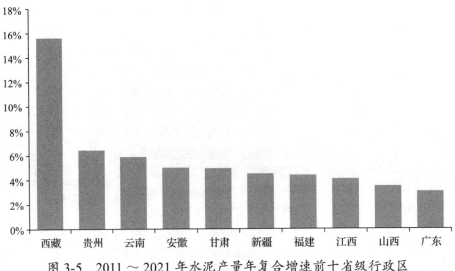

图 3-5　2011～2021 年水泥产量年复合增速前十省级行政区

资料来源：Wind。

3.1.2　水泥竞争格局：供给侧结构性改革带动行业进入新周期

竞争优势由成本决定，竞争格局趋于稳定

水泥是同质化程度较高的基本工业品，竞争优势由成本决定。水泥企业规模的发展壮大依赖于产能（固定资产）的扩张，竞争实力的强弱则由制造成本高低决定。水泥企业生产成本依赖于工厂选址、生产规模、物流运输、管理水平等。

与其他水泥公司相比，海螺水泥的熟料单吨成本处于领先地位（见图 3-6）。这主要得益于公司在业内广为称道的"T型"战略：将粉磨站与熟料基地分隔，依托安徽长江沿岸的石灰石矿山，集中资源建设大吨位先进的预分解干法回转窑生产线、配套低温余热发电设备（日本川崎技术）、规模优势更强的熟料基地，煤耗（最主要可变成本）、电耗水平领先行业，同时统一集采煤炭，节省采购成本，借助长江水运优势，扩大熟料

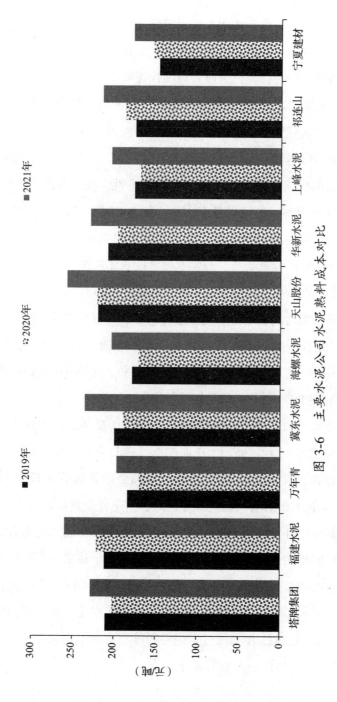

图 3-6 主要水泥公司水泥熟料成本对比

资料来源：各公司公告。

基地市场覆盖半径，减少运输成本，以较低的价格收购小水泥厂改造成粉磨站，减少渠道成本。甚至在制度设计上，公司探索了一条国有控股、员工持股的独特混改路径，降低企业管理的代理成本。

海螺水泥低成本竞争优势具体体现在：行业景气度上行期获得更多的扩张机会，行业景气度下行期保持较高的产能利用率抢占市场份额。历史上海螺水泥的资本性开支增速峰值一般比行业峰值提前一年，增幅也更高，保持顺周期扩张。在周期向下时稳定资本性开支（自建、收购），保持较高的产能利用率，稳定提升市占率，如2005年、2012年、2015年。反而2007～2010年水泥行业景气期公司市占率提升并不明显。2016年以后由于行业新建产能被禁止，海螺水泥产能扩张放缓，新增产能主要靠收购其他企业，市占率基本稳定（见图3-7和图3-8）。

剔除海螺水泥通过资本市场获得融资的便利，看资产运营质量，海螺水泥的ROIC是让人满意的。即便是在周期下行期，如2015年，海螺水泥依然能稳定保持高于竞争对手的资本回报水平，这得益于较高的产能利用率（用总资产周转率计算）以及较低的成本。

再考虑海螺水泥A+H双平台的融资便利。海螺水泥顺周期扩张拥有更强的加杠杆能力（债券融资），在周期下行前补充权益资本储备更多的"弹药"，其经典的操作包括1997年9月亚洲金融危机前在H股的IPO、2007年6月A股牛市的增发。2010年以后，由于资产负债表的持续修复，内生现金流能满足自身扩张需求，所以公司也逐渐转变成"现金奶牛"。

经过供给侧结构性改革，水泥行业竞争格局趋于稳定。水泥行业前十大企业产能市占率自2016年以来基本维持在55%～60%。考虑到水泥运输半径带来的区域市场属性，各细分区域的市场集中度更高，我们统计的28个省级行政区在2021年末前五大企业产能市占率平均水平达72%（见图3-9，京津冀作为整体纳入数据统计）。

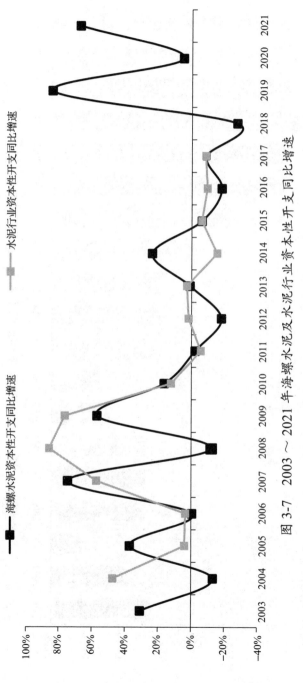

图 3-7　2003～2021 年海螺水泥及水泥行业资本性开支同比增速

资料来源：Wind。

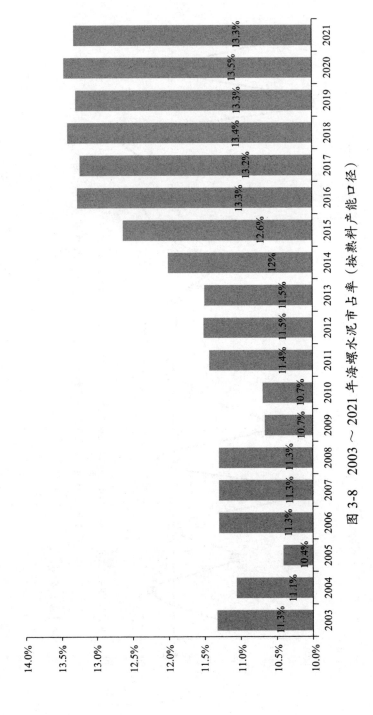

图 3-8 2003～2021 年海螺水泥市占率（按熟料产能口径）

资料来源：数字水泥网。

第3章 | 周期建材：规模成本制胜，供给改革新周期 101

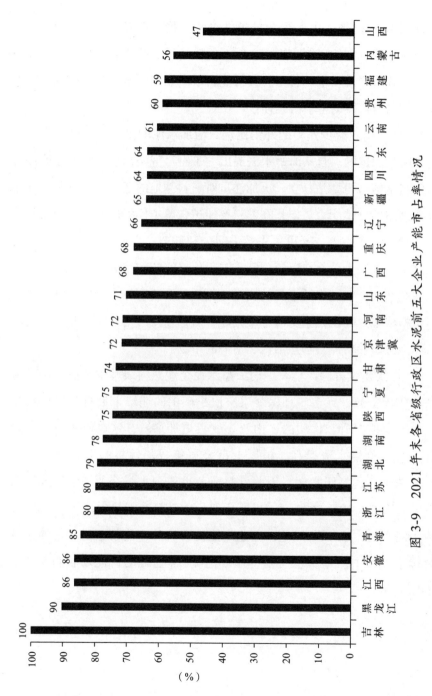

图 3-9 2021 年末各省级行政区水泥前五大企业产能市占率情况

资料来源：数字水泥网。

2015年末以来，水泥行业推进供给侧结构性改革，行业竞争趋缓，水泥企业利用自身的资源、规模、制造优势挤压下游企业生存空间。2015年以后，政府严禁新增熟料产线，行业新增产能扩张得到有效控制，水泥企业集体向价值链的上下游延伸：

1）水泥企业减少熟料的外销比例，增加水泥的供应量，这一点对行业的影响是深远的。自从海螺水泥提出"T型"战略以后，水泥企业偏向于将熟料基地与粉磨站分立，更加注重对熟料基地的建设，充分利用社会独立粉磨站的分销能力。但是在熟料产能扩张基本停滞之后，自建粉磨站既然不存在技术难度，又可以省却中间分利环节，企业乐意建设粉磨站，所以这也解释了为什么在近年的旺季熟料价格涨幅往往高于水泥。这实际是水泥企业在产业链中话语权的提升，倒逼社会粉磨站出局的表现。当然熟料价格涨幅过高也催生另外一个问题，就是需要应对由于熟料价格过高导致越南进口熟料冲击华东沿江、沿海的市场。

2）加快建设骨料产能。国内大型水泥企业熟料线基本都配备了较为完备的矿山资源，在多轮环保督察整治小矿山的违法采掘行为以后，开采矿山的门槛提升，优质的矿山资源变得更加稀缺，这也使骨料的资源属性凸显，价格水涨船高。根据上市公司年报，骨料的毛利率一般在60%~70%，远高于水泥，因此骨料业务也成为水泥企业"十四五"期间发展的重点。截至2021年末，天山股份的骨料产能最大，达1.9亿吨，华新水泥次之，达1.54亿吨，在建产能投产后总产能将超过2亿吨，另外海螺水泥、中国建材也纷纷提出3亿吨、4亿吨的产能增长目标（见图3-10）。

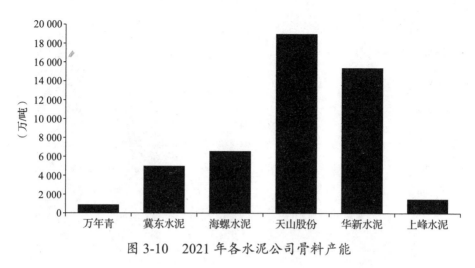

图 3-10 2021 年各水泥公司骨料产能

资料来源：各公司公告。

3.1.3 历史复盘：海螺水泥 20 年扩张之路

建材周期股也可以产生大牛股，而海螺水泥无疑是其中表现最突出的明星股之一。海螺水泥自 A 股上市以来，按照复权价（截至 2021 年底）股价上涨了 30 倍，净利润增长 160 倍，IPO 及公开再融资 450 亿元，合计分红 534 亿元，是不折不扣的成长股、价值股。

按照海螺水泥 A 股股价涨跌表现，我们将海螺上市以来的 20 年分为六个主要阶段，对水泥行业的竞争格局及公司的市值表现进行复盘研究。

第一阶段：A 股上市初，聚焦华东，完善"T 型"战略布局

2002 年 2 月 7 日海螺水泥在 A 股上市。公司在上市前就已经初具规模，从 1995 年开始水泥销量蝉联全国冠军。2000 年初借助熟料线技术更新换代，大力建设大规模新型干法生产线，枞阳、铜陵、池州千万吨级的大型熟料基地初具雏形，上市后加速对沿江"T 型"战略布局，2000～2004 年海螺水泥销量年复合增速高达 54%（见图 3-11）。

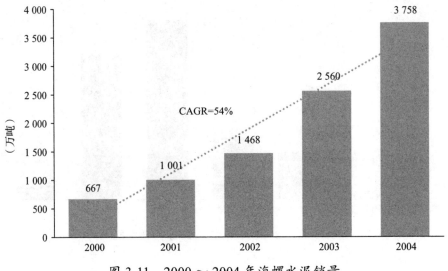

图 3-11　2000～2004 年海螺水泥销量

资料来源：Wind。

2003 年海螺顺利完成集团改制，奠定了现有的股权结构基础。2003 年，海螺水泥控股股东海螺集团由原来的国有独资公司变更为国有控股的有限责任公司，安徽省投资集团持有海螺集团股权比例从 89% 降低至 51%，公司通过集团、所属企业工会和 8 名自然人设立了海创公司，由海创公司持有集团 49% 的股份。

2000～2003 年整体宏观环境较为有利。2001 年中国加入 WTO，出口与投资双重拉动经济快速增长。2003 年非典疫情过后，经济出现过热，夏季局部限电，第四季度华东水泥供不应求，导致水泥价格出现大幅度上涨。2004 年投资出现过热现象，煤、电、运紧张，中央出台宏观结构调控政策，通过货币、产业、土地政策调控上游钢铁、电解铝、水泥投资。2004 年的政府工作报告中，将 GDP 目标调整为 7%，而 2003 年即便是非典之后 GDP 增速仍然保持 9.1%。中央加强项目审批，叫停手续不全的跟风投资项目，而海螺水泥等大型集团手续完备，重视建设条件，受宏观调控影响较小。

受到固定资产投资增速回落、M2增速放缓、宏观调控结构影响，水泥价格在2004年全年回落，但与此同时煤、电、运紧张局面没有得到缓解，水泥行业的盈利能力在2004年全年持续回落。海螺水泥利润的反应滞后于此，2004年尽管公司的利润增速有所放缓，但是吨净利润仍然维持在历史较高水平（见图3-12），2005年公司的盈利水平大幅下滑。

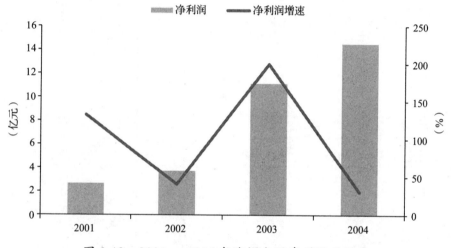

图3-12　2001～2004年海螺水泥净利润及增速

资料来源：Wind。

股票市场有预期，在宏观调控的信号出现后开始抛弃水泥股。股票市场上，海螺水泥股价见顶出现在2004年4月，当时中央以"铁本"事件作为契机展开全面宏观调控，当月海螺水泥A股下跌了14%，结束了2002年以来的2年牛市。2002年2月～2004年4月，海螺水泥A股上涨155%，而H股表现更加亮眼，主要也是与H股估值起点较低有关。牛转熊以后，公司A股市盈率（TTM）估值中枢也从上市初的36倍，回落到2005年的10倍左右，而经历1年时间的下跌，截至2005年4月末，A股累计收益也由正转负（见图3-13）。

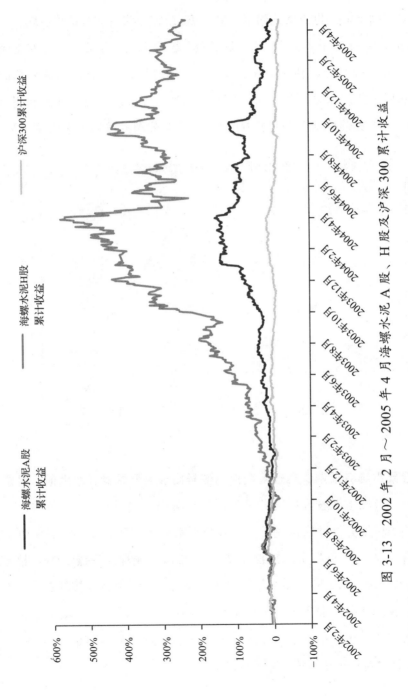

图 3-13 2002 年 2 月～2005 年 4 月海螺水泥 A 股、H 股及沪深 300 累计收益

资料来源：Wind。

第二阶段：布局中南，迎接牛市，业绩估值双升

2005年起，公司除了保证华东地区稳步扩张外，还积极推进华南项目的工程建设，把握中部省份基建建设、新农村建设机遇，拓展中部市场。2005～2008年，海螺水泥水泥销量年复合增速达21.5%（见图3-14）。

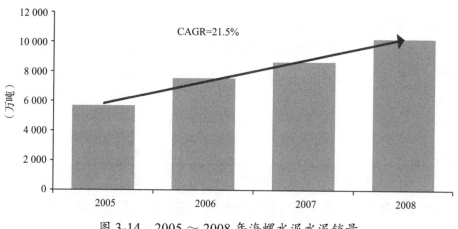

图3-14　2005～2008年海螺水泥水泥销量

资料来源：公司公告。

2007年5月29日，海螺水泥发行股份募资41.3亿元购买海螺集团旗下宁昌公司、芜湖塑料、海螺国贸（三家公司与海螺水泥持续关联交易额较大）及海创公司拥有的荻港海螺、枞阳海螺、池州海螺、铜陵海螺（海螺水泥设备最为先进、区位条件最为有利的控股子公司）少数股东权益。

2005～2007年市场流动性宽松，固定资产投资驱动经济高速增长为水泥营造了宽松、需求快速扩张的外部环境。经历了2004年的宏观调控之后，2005年下半年流动性开始放松，M2增速提高并保持高位震荡。2005～2007年GDP保持11%以上的高增速，固定资产投资与房地产投

资同样保持 20% 以上的快速增长，是拉动水泥需求的主要因素。除此之外，新农村建设也有效拉动了农村水泥的需求。到了这个阶段的尾声，为了抑制经济过热和通货膨胀，央行在 2007 年六次加息，十次上调存款准备金率。

国家产业政策明确扶持大型企业集团，淘汰落后立窑产能。2006 年多部门联合发布《关于加快水泥工业结构调整的若干意见》，确定了以海螺水泥为首的 12 家全国性大型水泥企业为国家重点支持水泥工业结构调整的企业，在项目核准、土地审批、信贷投放等方面给予优先支持，鼓励这些企业收购、重组、联合，以提高生产集中度和优化资源配置。2007 年 2 月国家发改委发布《关于做好淘汰落后水泥生产能力有关工作的通知》，下发了 2007 至 2010 年全国分省淘汰落后水泥生产能力计划表。

2005～2008 年，由于整体的宏观经济发展速度较快，上游能源、电力处于涨价通道，尤其是到了 2008 年初，南方冰雪灾害导致开春后煤炭需求大幅上涨，供给紧张，运力不足，煤价大幅提升。为了应对成本上涨压力，海螺水泥开始建立起与大型煤炭集团直采、拓宽采购渠道等机制，同时实施节能降耗的技改，加大自营出口码头建设力度，减少中转费用。在上述宏观及行业背景下，海螺水泥 2005 年盈利水平大幅下降，随后在 2006～2007 年实现高增长，2008 年略有增长。

2005～2007 年的大牛市，是海螺水泥历史上股价涨幅最高的一次，海螺水泥 A 股最高涨幅达到 1690%，H 股最高涨幅达到 1033%，跑赢沪深 300 同期 534% 的涨幅，是一次典型的戴维斯双击。A 股涨幅高于 H 股主要是由于在 2005 年牛市起步时有一定的估值优势，更重要的是，股权分置改革解决了法人股流通性问题，增强了市场流动性，在大牛市背景下，A 股的估值提升幅度更加可观（见图 3-15）。

第 3 章 | 周期建材：规模成本制胜，供给改革新周期 109

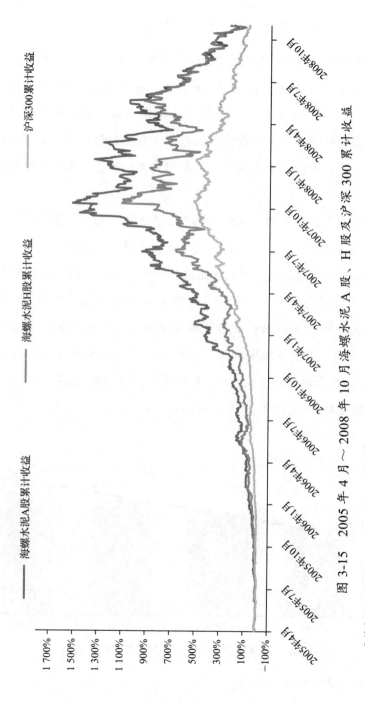

图 3-15 2005 年 4 月～2008 年 10 月海螺水泥 A 股、H 股及沪深 300 累计收益

资料来源：Wind。

第三阶段:进军西部,"四万亿"再启水泥牛市

大牛市余威助力海螺水泥百亿元公开增发,增强主场竞争优势。2007年6月26日,海螺水泥公告公开增发预案,在2008年5月16日完成募资114.8亿元。增发募资主要用于华东、华南新增产能的建设及相应余热发电项目的建设,进一步强化主场竞争优势。此时公司在华东市场已经深耕十余年,除涉足华南以外,向全国其他地区进一步扩张变得顺理成章。

汶川地震灾后重建为海螺水泥创造了进入西部市场的契机。西南地区缺乏水道运输优势,区域多山,交通运输不便,本地水泥市场更加封闭,区域市场集中度较低。根据水泥协会报告,2008年底,成都有44条立窑生产线被强迫关闭,近1000万吨落后产能被淘汰,加上灾后重建的因素,造成供需关系紧张,为海螺水泥创造了进入区域市场的契机。2009~2010年,海螺水泥规划内的达州海螺、重庆海螺等14条5000吨/日熟料线及37台水泥磨建成投产。整体来看,海螺水泥这一阶段的水泥及熟料销量CAGR达15.7%(见图3-16)。

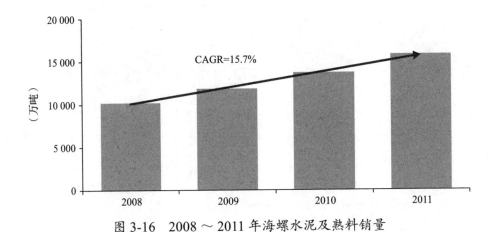

图3-16 2008~2011年海螺水泥及熟料销量

资料来源:公司公告。

2008年底我国启动"四万亿"计划,对冲全球金融危机造成的需求疲软。"四万亿"直接拉动了基础设施建设需求,加快了铁路、公路和机场建设,保障性安居工程、农村建设也作为重点建设内容。2008年,中央启动保障性安居工程,并将国有林区(场)棚户区(危旧房)、国有垦区危房、中央下放地方煤矿棚户区改造作为重要内容。2010年中央一号文件提出,抓住当前农村建房快速增长和建筑材料供给充裕的时机,把支持农民建房作为扩大内需的重大举措,采取有效措施推动建材下乡,鼓励有条件的地方通过多种形式支持农民依法依规建设自用住房。

为了预防产能过剩,调整产业结构,2009年9月26日国发〔2009〕38号文件出台,旨在淘汰落后产能,控制新增产能。"四万亿"计划出台后,水泥产能的过剩问题也开始逐渐浮现。据数字水泥网数据,截至2008年底,我国水泥产能18.7亿吨,在建产能8.3亿吨,而当时市场需求仅为16亿吨。《国务院批转发展改革委等部门关于抑制部分行业产能过剩和重复建设引导产业健康发展若干意见的通知》(国发〔2009〕38号)要求加大对水泥等行业落后产能的淘汰力度,三年内淘汰所有落后产能,控制行业产能过快增长。2009年以后每年均有接近1亿吨的落后立窑产能被淘汰,但是对新增产能的控制方面收效有限。相关政府主管部门在政策口径的把控上,以"等量置换"为目标,为后面新增产能留下较大的运作空间。

2011年海螺水泥新增产能中,收购比例明显增加,尤其是针对西部空白市场。2010年之前,海螺水泥新增产能主要以自建为主。2009年发布的国发〔2009〕38号文严控新增产能,鼓励大企业集团并购重组,海螺水泥并购产能比重显著提升,2011年并购熟料、水泥产能占新增产能36%、35%。

2010~2011年,"拉闸限电"促水泥价格创阶段性高点,海螺水泥

业绩弹性显著。2010年9月，为完成"十一五"节能减排任务，针对高耗能行业开启"拉闸限电"，水泥市场出现"一边需求猛增，一边因限电无法生产"的情况，水泥价格迅速拉升。进入2011年，一场由节能减排掀起的被动"拉闸限电"演变成主动的"限电停窑"，上半年水泥价格创出阶段性高点。直至7月之后，随着高铁项目缓建与房地产深入调控，这一轮涨价行情才逐渐消退。2008~2011年，海螺水泥净利润增速逐年提高（见图3-17），净利润CAGR（2008~2011年）为64%，而销量CAGR只有16%。

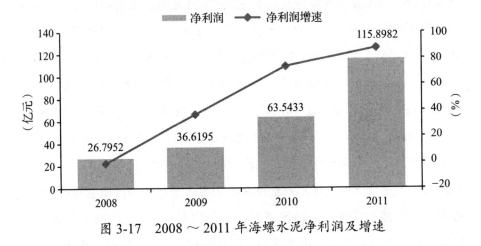

图3-17　2008~2011年海螺水泥净利润及增速

资料来源：公司公告。

第三阶段又可以进一步细分成两个阶段：①2008年11月~2009年8月，海螺水泥A股、H股分别获得累计收益199%、123%，这一阶段收益主要来自"四万亿"之后的预期驱动估值提升，A股、H股市盈率（TTM）分别提升308%、333%；②2010年6月~2011年7月，海螺水泥A股、H股分别获得累计收益304%、294%，收益主要来源于业绩增长，估值中枢反而较前两年有非常明显的回落，这一阶段海螺水泥A股市盈率中枢约为19倍（见图3-18）。

第3章 | 周期建材：规模成本制胜，供给改革新周期　113

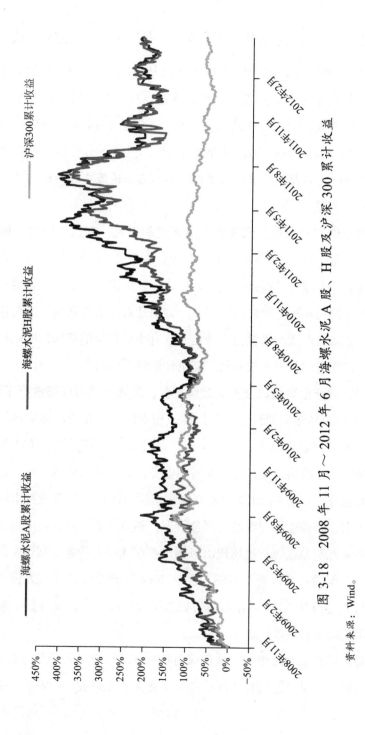

图3-18　2008年11月～2012年6月海螺水泥A股、H股及沪深300累计收益

资料来源：Wind。

第四阶段：全国水泥需求见天花板，开始进入全面过剩时代

2012～2015年，固定资产投资增速从"四万亿"高峰阶段持续回落。2013年由于固定资产投资企稳，房地产投资增速回升，水泥价格有一个年度级别的反弹，行业盈利能力改善。但从2014年开始行业急转直下，尽管2014年产量较2013年增加了2%，但是下游房地产投资增速回落、需求支持乏力及新产线扩张增加供给压力，造成水泥价格在2014年、2015年持续回落。

水泥整体产量见顶，产能进入全面过剩时代。在这一阶段，值得注意的是，水泥产量在2014年创出历史最高的纪录，即便是2016年以后行业迎来复苏，也没有打破这个纪录，整体产量见顶已成定局。新型干法线产能仍然保持每年稳定释放的节奏，一方面是对立窑等落后产能淘汰的替代，另一方面新产能的投放也在冲击着既有市场竞争的格局，所以行业真正进入了连先进的新型干法熟料产能也开始过剩的时代。

根据阶段行业环境以及产业政策导向，海螺水泥对战略进行了调整。①从2011年开始走向海外，主要面向东南亚国家，投资印度尼西亚、缅甸、柬埔寨等国新建水泥产线。②向产业链的上下游延伸，2011年开始建设骨料产线，后面逐年扩大，对骨料业务的投入相对乐观，而对混凝土业务相对保守，一直到2017年才有探索型项目落地。目前骨料市场在政府整治矿山、严控上游资源品的严监管下，整体供不应求，而混凝土整体过剩局面未有明显缓解，也体现出海螺水泥在战略上的远见意识。③为完善能耗、环保的技术改造，海螺水泥从2004年开始就已经大力投入余热发电项目，针对从2013年开始的污染物排放标准收紧，又开始了新一轮的对脱硫脱硝项目的改造。

海螺水泥产能稳定增加，从自建向收购倾斜。公司新建产能仍然保持一定的规模，但是增速明显放缓，主要是存量项目释放。为响应国家产业政策，增加了兼并收购的力度，按照"资源有保证、工艺装备完整、批文权证齐全、市场有潜力以及有助于提升公司竞争力"的原则收购新产线。（见图3-19。）

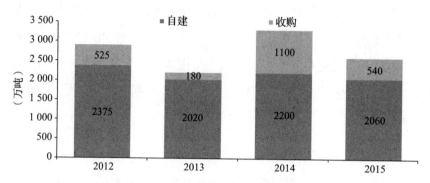

图3-19　2012～2015年海螺水泥新增水泥产能结构

资料来源：公司公告。

在该阶段，海螺水泥的业绩在2012年大幅回落，2013～2014年连续两年快速回升，在2014年达到上个阶段2011年的高点后，于2015年再次回落（见图3-20）。

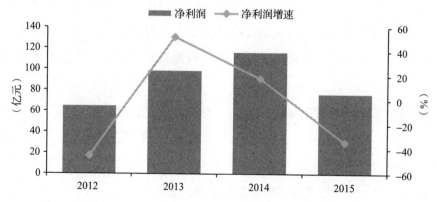

图3-20　2012～2015年海螺水泥净利润及增速

资料来源：公司公告。

海螺水泥市场表现：熊市跑赢沪深300，牛市跑输（见图3-21）。在该阶段，海螺水泥经历三年盘整，2015年迎来一轮牛市，2015年全年海螺水泥A股、H股区间最高收益分别达99%、55%，牛市期间未跑赢沪深300。2014年11月17日，沪港通开通，海螺水泥A股、H股估值差异缩小，基本趋于一致。2014~2016年，海螺水泥A股PE（TTM）中枢回落到9.5倍，是历史最低水平，估值水平围绕中枢上下波动，并未再现历史上多轮牛市中的估值大幅抬升，这与整体水泥需求见天花板，产能全面过剩有关。

第五阶段：新周期复苏，供给侧结构性改革的牛市

2016~2020年中国经济总体上增速放缓，但水泥行业表现出强势走势。2016年全国固定资产投资增速为8.1%，为2001年以来首次跌至10%以内区间。房地产投资增速总体保持低位，2018~2019年有回暖迹象，2020年受到新冠疫情影响出现负增长，随着对疫情的有效控制，房地产投资增速趋向合理水平。除去2020年新冠疫情影响，基建投资增速持续回落。总体上宏观经济增长放缓，水泥下游需求呈现下行走势。按照以往的传导模式，下游投资增速回落，水泥的景气度也会随之下降。但是2016~2020年水泥行业表现出强势走势，行业效益大幅增长。此轮水泥行情归根结底是水泥供给侧结构性改革带来的行业效益释放。

2016年第四季度开始，水泥行业异乎寻常的强势走势的直接推动力是全国大范围的错峰限产，背后是政府对水泥产业结构调整一以贯之的努力，结合供给侧结构性改革的背景，在实际执行中的效果十分显著，当然与行业内大企业的推动也密切相关，主要体现在：

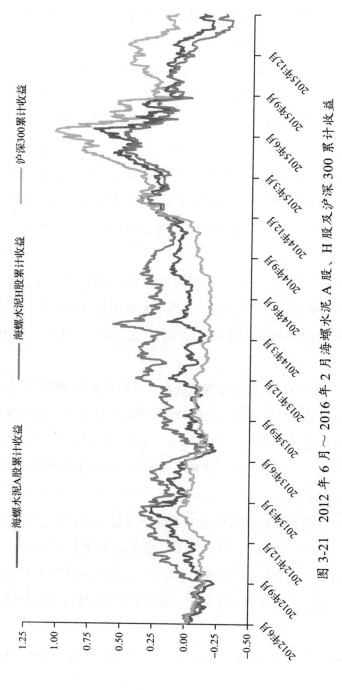

图 3-21 2012 年 6 月~2016 年 2 月海螺水泥 A 股、H 股及沪深 300 累计收益

资料来源：Wind。

1）存量逻辑转换，从 2009 年国发〔2009〕38 号文发布开始，中央就已经对水泥产业产能过剩保持警惕，2016 年发布的国办发 [2016]34 号文彻底刹住了新增产能的车，行业从增量博弈的逻辑演化为存量博弈逻辑，未来还会向产能退出的减量博弈逻辑演化。

2）环保、能耗、矿山、产品提标，主要措施包括粉尘、氮氧化物、二氧化硫排放标准进一步收严，加强排污许可证的管理；实行阶梯电价，增加高能耗企业用电成本；取消 32.5 等级水泥，但在执行过程中，32.5 等级水泥几乎全部转变为 32.5R 等级水泥，只有新疆等局部地区全面取消 32.5 等级水泥，目前行业也在对全国范围内取消 32.5 等级水泥展开讨论。

3）兼并重组加速，行业集中度提升。2016 年同时发生了三个重量级的重组事件：金隅集团和冀东水泥的整合；中国建材和中国中材的合并；华新水泥进一步整合拉法基中国水泥资产。大企业在主场上的竞争优势在强化。

2016～2020 年水泥走势强势的根本原因是供给侧结构性改革引发的行业效益提升，直接推动力是全国大范围的错峰限产，2019 年还得益于水泥供需的超预期表现。五年间水泥行业深入推进供给侧结构性改革，严禁新增产能，严格执行产能置换。在此过程中，全国熟料产能利用率由 2016 年的 74% 提高到 2020 年的 86%，虽然行业产量在 2016～2018 年持续下滑，但行业利润却由 2016 年的 518 亿元快速增长至 2018 年的 1546 亿元。2019 年水泥行业需求和供给收缩均表现优良，呈现"量价齐升"的行情，行业效应全面释放，水泥行业实现利润总额 1867 亿元，创历史新高。2020 年虽受到疫情影响，但全年利润仍维持在 1800 多亿元的高位。

此阶段海螺水泥的业绩实现了持续的增长，2017～2018 年业绩加速增长，2019～2020年增速虽然有所放缓，但仍在高位上继续增长（见图3-22）。

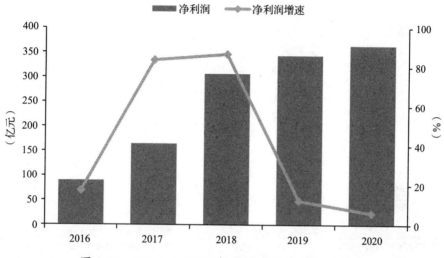

图3-22　2016～2020年海螺水泥净利润及增速

资料来源：Wind。

海螺水泥在此区间收益率远高于沪深300，但从估值角度来看，水泥股投资价值的竞争力已明显下降。在该阶段，海螺水泥A股跑出了远优于大盘的独立行情，区间最高收益达到了290%。H股方面，该阶段区间收益最高达到205%（见图3-23）。估值方面，2016～2018年估值中枢在12倍左右，整体股价主要靠业绩驱动，但在2019年之后，估值中枢明显下移，整体仅有8倍，主要因市场担心公司业绩已见顶，未来增长空间不大，即使在行业景气度高涨的阶段，估值顶也仅有10倍。在这一阶段之后，我们认为单纯依靠水泥主业的发展，水泥股投资价值的竞争力已明显下降，水泥企业亟须寻找第二成长曲线。

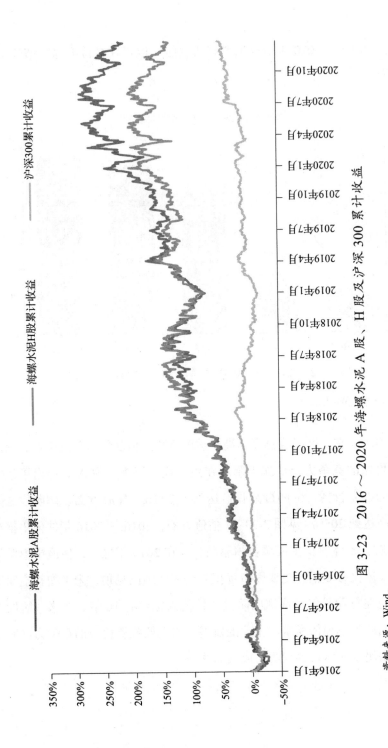

图 3-23 2016~2020 年海螺水泥 A 股、H 股及沪深 300 累计收益

资料来源：Wind。

第六阶段：水泥产量开始下滑，"双碳"政策推动龙头转型

2021年经济增长压力加大，水泥产量已真正进入下滑时代。 2021年货币政策采取稳健中性的政策基调，信用环境边际收紧，但第四季度经济下行压力明显加大，触发政策基调转向稳健略宽松。需求方面，2021年下半年房地产和基建投资增速开始逐渐下降，全年水泥产量虽然仍维持稳定，但下半年同比降幅已达12%。2022年第一季度水泥产量同比延续下滑态势，虽然政府工作报告中提出全年GDP增长5.5%的目标，对水泥需求有一定提振作用，但仍难以扭转下滑的趋势，进入"十四五"后，水泥已经真正进入产量下降时代。

"十四五"开局之年部分地区能耗控制形势较为紧张，下半年水泥出现大幅限产情况。 2021年8月，国家发改委办公厅印发《2021年上半年各地区能耗双控目标完成情况晴雨表》，19个省（区）能耗强度方面受到一级或二级预警，13个省（区）在能源消费总量方面受到一级或二级预警，下半年能耗控制面临较大压力。而水泥行业总能耗量及单位产值能耗量均为建材各子行业最高，因此水泥行业首当其冲受能耗双控影响。2021年8月31日，广西率先发布通知，对当地水泥企业实施限产措施，要求水泥9月产量不得超过2021年上半年平均月产量的40%。随后广东、云南、江苏、宁夏也相继发布限产通知。同时，在电煤供应短缺压力下，部分非能耗双控一级预警省（区）如贵州、浙江、山东同样开始限产，到2021年10月初已有近20个省（区）出现限产情况。此次限产范围面积之广、力度之大属历史首次，水泥供给出现大幅收缩。

在供给大幅收缩的背景下，2021年第三季度开始水泥价格快速拉升，并于10月创下历史新高的630元/吨。但受限于煤炭价格同样达到2500元/吨的历史新高，水泥企业的盈利改善情况远弱于价格的表现。10月之

后随着政策开始纠偏，对产能的限制开始放开，水泥价格也开始回落，虽然相比于同期价格中枢实现了抬升，但煤炭价格也结束了过去"五六百元"的时代，迈入"千元时代"，水泥吨毛利在2022年初甚至不及往年水平。从海螺水泥的业绩来看，2021年第二季度开始，收入及归母净利润自2015年以来再次出现双双下滑的情况（见图3-24）。2022年水泥产量下滑幅度或超过2015年，在销量承压的不利条件下，吨毛利的表现将是业绩能否企稳的关键。

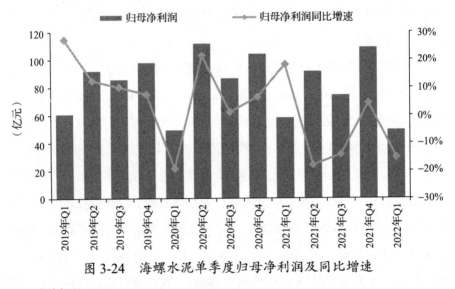

图3-24　海螺水泥单季度归母净利润及同比增速

资料来源：Wind。

从市场表现来看，海螺水泥在此阶段收益跑输沪深300，估值与业绩双杀。 2021年以来海螺水泥股价表现不佳，A股和H股均跑输大盘（见图3-25），估值与业绩遭到双杀，估值再次回归到6～7倍，反映出市场对未来需求下滑的担忧。我们认为中长期需求下滑已成定局，阶段性的需求边际改善已难以支撑板块走出持续性行情，未来行业关注点将聚焦于"双控""双碳"目标下行业供给端改变带来的机会。

第 3 章 | 周期建材：规模成本制胜，供给改革新周期

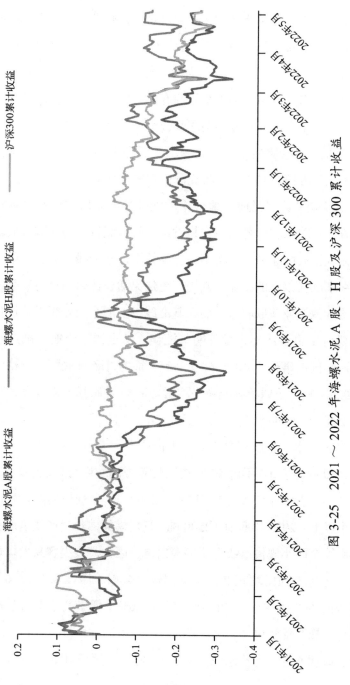

图 3-25 2021～2022 年海螺水泥 A 股、H 股及沪深 300 累计收益

资料来源：Wind。

展望未来,水泥竞争格局优化的契机是减排政策带动龙头公司市场份额的相对提升,以及盈利的稳定性或会增强。水泥行业二氧化碳排放量占整个建材行业的83%,是排放量最大的子行业。2021年7月16日全国碳排放权交易市场启动,目前纳入交易的有火力发电企业,但后续建材、石油、化工等八大重点能耗行业均会逐步被纳入。水泥行业纳入碳排放权交易后,有望推动供给侧迎来新一轮变革,而海螺水泥等龙头企业在碳减排、光伏发电等方向布局更早,将充分占据先发优势。

从试点经验来看,目前各地碳排放配额分配采取"免费为主,有偿为辅"的方式,除深圳外各试点交易省市均将水泥行业纳入碳排放配额管理,但具体碳排放配额分配方案不一。整体上以基准线法为主,单位产品的排放量在基准线以下的企业,其生产更加灵活,可以通过将剩余的碳排放配额卖给其他企业获取收益,而在基准线以上的企业若想保持产量不下降,则需要付出更多成本,额外购买配额。从全国7个地方试点运行情况看,近两年国内碳价为40~60元/吨,而海外碳排放配额价格已高达50~60欧元/吨,按照单吨熟料平均对应0.85吨碳排放来计算,对应生产成本将上涨35~50元/吨。

近年来各地水泥产线规模不断向大产能方向发展,从2021年新点火产能来看,4000吨/日(不含4000吨)规模以下的生产线占比仅有7.2%。2021年山东省已明确指出2022年底前,2500吨/日规模的熟料生产线整合退出一半以上,2025年底前,2500吨/日规模的熟料生产线全部整合退出。预计后续全国小规模产线有望逐渐出清,因大产线更容易发挥规模优势,能耗、碳排放强度均较低。据卓创资讯数据,海螺水泥2500吨/日及以下规模的生产线占总产能的比重仅有7.6%,低于其他上市公司及行业平均水平,规模优势更加突出。

此外,海螺水泥、上峰水泥、塔牌集团、万年青等上市公司开始布局新能源赛道，有望打开第二成长曲线（见表3-2）。国务院于2021年10月26日发布的《2030年前碳达峰行动方案》中明确要求要大力发展新能源，提出因地制宜利用风能、太阳能等可再生能源。2021年8月30日，海螺水泥以4.43亿元收购海螺新能源公司100%股权，积极推进光伏发电项目，2022年新增光储发电装机容量0.275GW，截至2022年末在运行光储发电装机容量0.475GW。我们估计公司年度用电需求约230亿kW·h，利用余热发电80亿kW·h，仍存在150亿kW·h的外购电需求，未来公司或将通过风力电站、光伏电站、储能电站的布局，逐步降低外购电需求。

表3-2 上市公司2021年以来新能源项目发展规划

上市公司	新能源项目建设及规划
海螺水泥	2021年，海螺水泥完成海螺新能源股权收购，新增19个光伏电站、3个储能电站，海外在建及拟建项目均有序推进。光伏发电装机容量200MW，2022年，公司将投资50亿元用于发展光伏电站、储能项目等新能源业务，实现下属工厂光伏发电全覆盖，2022年枞阳全钒液流电池储能项目、宣城光伏BIPV一期项目顺利投产，新投产光伏发电装机0.275GW。
上峰水泥	2022年1月21日上峰水泥与新能源龙头企业之一的阳光电源子公司阳光新能源开发股份有限公司等签订战略合作协议，各方将合作成立合资公司上峰阳光新能源有限公司，共同实施光伏储能系列项目。公司计划投资约11 400万元通过上峰阳光新能源子公司为铜陵上峰、怀宁上峰、宁夏上峰、内蒙古松塔建设配套光伏发电项目，总建设规模为24MW光伏发电及5MW/10MW储能项目
塔牌集团	2021年公司计划投资约13.39亿元建设分布式光伏发电储能一体化项目，至2021年底，福建塔牌0.52MW光伏发电项目已建设完成，实现并网发电；金塔公司10MW光伏发电项目建设完成，正在办理并网审批手续；蕉岭分公司、鑫达公司、惠州塔牌光伏发电项目建设正在有序推进
万年青	公司下属上犹万年青新材公司500kW分布式屋顶光伏电站2021年1月成功并入国网运行，年发电量可达60万kW·h，全年减少碳排放约200.46吨，节约标煤约73.7吨，每年可创效20余万元，光伏发电已支持企业一半生产用电

资料来源：各公司公告。

在水泥市场交易电价放开的背景下，海螺水泥布局新能源既能够降低企业生产成本，增强竞争力，又能达到降碳的目的，在碳排放权交易市场启动前进一步夯实基础。截至 2022 年第一季度末，公司在手现金 667 亿元，且每年水泥业务将带来约 350 亿元的现金净流入，公司是名副其实的"现金奶牛"，已具备传统企业转型升级的条件。公司于 2021 年 12 月 3 日签订凤阳光伏产业园项目合作协议，规划投资项目包括石英岩矿山和深加工、光伏玻璃生产、光伏组件生产、太阳能发电、淮河码头等，未来或将继续加快新能源上下游产业发展，逐步实现转型升级。公司第二成长曲线值得期待。

3.2 玻璃：龙头规模成本领先及多元扩张

和水泥行业相比，玻璃行业的需求与供给在研究方法上均有所不同：①从需求来看，玻璃的下游需求更加多元化。玻璃原片经过深加工后主要应用于建筑、汽车、光伏、电子、医药等多个领域。其中，建筑玻璃下游主要对应建筑竣工后的需求，具有一定周期性，研究方法和水泥有一定相似之处，但不同之处在于节能改造贡献较多的增量需求，这个逻辑和消费建材的存量更新又有相似之处。汽车玻璃的下游需求同时取决于新车销售及存量更换，光伏玻璃的下游需求主要来自光伏装机量的增长，电子玻璃的需求增量主要来自国产替代，药用玻璃的需求增量来自中硼硅玻璃渗透率带来的量价提升。这些细分行业都不同程度地表现出了成长行业的特征，这决定了玻璃行业的需求研究框架既要自上而下地看宏观经济、看行业，又要自下而上地挖掘个股机会。②从供给来看，玻璃具有供给刚性的典型特征。玻璃生产环节具有高温、连续、不间断的特性，通常产线建成 8~10 年后需进行 6 个月左右的冷修，在生产期间不能随意停窑。这决定了水泥行业的限产、去产能等方式在玻璃行业需要在更长的周期里才能实现。

本节将从玻璃最主要的五个细分行业——建筑玻璃、光伏玻璃、汽车玻璃、电子玻璃、药用玻璃分别展开，对各个子行业的市场规模、需求驱动力、竞争格局、发展趋势等进行探讨。

3.2.1 建筑玻璃：未来增长看竣工及节能改造

市场需求：与期房销售同步，深加工贡献增量

建筑玻璃是平板玻璃⊖的最大应用下游，占总需求量的 70% 左右。近年来中国平板玻璃产量稳步上升，2021 年突破 10 亿重箱，同比增长 8.4%（见图 3-26）。玻璃产线开工率从 2016 年初的 75% 提升至 2022 年 4 月末的 86%。

建筑玻璃需求增长的首要驱动因素是房屋竣工。从建筑施工流程来看，玻璃需求主要在房屋主体结构完成、竣工交付之前释放，因此理论上房屋竣工与玻璃真实需求是同步的。 2016 年之后，房屋新开工、销售与竣工面积的剪刀差逐步扩大。房屋新开工面积增速从 2017 年以来就一直在竣工面积增速之上，甚至 2018～2020 年，房屋竣工面积一直在负增长，前期新开工面积增速与竣工面积增速的背离导致了巨量存量施工面积的累积。2016 年开始房地产销售面积增速持续高于竣工面积增速，累积了较多已销售但未竣工的面积。从近两年情况看，2021 年初房屋销售面积大幅增加，下半年房屋竣工面积同比增速较高。2021 年下半年房屋新开工面积呈负增长，2022 年房屋新开工面积同比继续下降。但从存量角度看，房屋新开工与竣工面积之间的剪刀差仍然存在，我们认为短期竣工端需求或较为稳定，中长期走势将取决于房地产销售面积增速。

⊖ 平板玻璃的工艺主要包括浮法工艺及压延工艺，按照 2022 年 4 月末产能计算，浮法工艺约占 75%，压延工艺约占 25%。

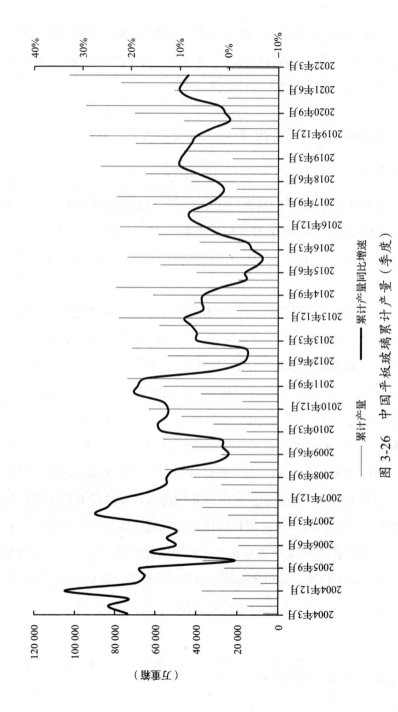

图 3-26 中国平板玻璃累计产量（季度）

资料来源：Wind。

从实际数据拟合情况来看，玻璃需求是房屋竣工面积的领先指标，平板玻璃产量领先竣工面积9个月左右，两者走势较为一致。因此，尽管玻璃的入场时间靠近竣工，但玻璃需求与房地产竣工并不完全同步，这主要是由于竣工数据上报较为集中且玻璃的采购需求本身也早于竣工。

整体来看，房屋销售传导至玻璃价格的时间在变短。房屋销售与竣工交付存在时间差，建筑玻璃一般在毛坯房装修或精装修时就已经形成了采购需求。通过复盘可以发现，2016年4月商品房销售面积同比增速达到峰值，而浮法玻璃价格同比增速则在同年9月达到峰值，商品房销售领先了玻璃价格5个月。2021年以来，随着融资收紧，房地产企业加快周转速度，商品房销售向玻璃价格传导的速度也在加快。2021年2月商品房销售面积同比增速领先玻璃价格同比增速3个月，而2022年以后，商品房销售面积和玻璃价格变化基本同步（房地产企业融资进一步收紧）。

玻璃价格和玻璃上市公司的股价之间的相关性也在逐步增强，"看玻璃价格定买卖"逐步成为有效策略（见图3-27）。从旗滨集团的股价表现来看，2018年以前股价和玻璃价格的相关性并不明显，但随着房地产增速趋于稳定，旗滨集团股价与玻璃价格变动相关性增强，且变动较为同步。

鉴于竣工面积作为玻璃需求的先导指标拟合度较差，可以用新开工面积来判断玻璃的需求走势，还可以通过更领先的销售面积来判断玻璃需求短期的变化。将期房销售数据与平板玻璃产量进行拟合，期房销售面积领先玻璃产量2个月左右，两者的同步性也较强。

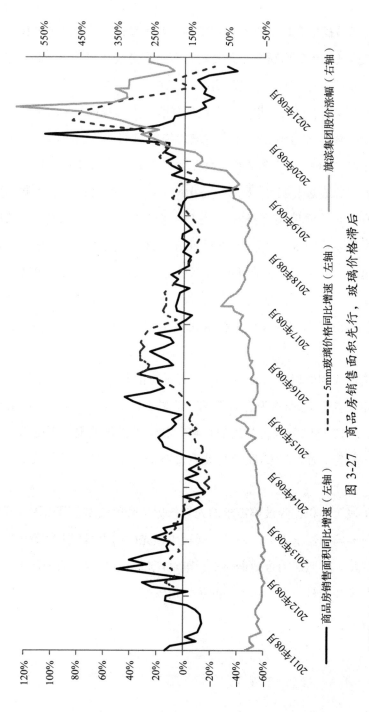

图 3-27 商品房销售面积先行,玻璃价格滞后

资料来源:Wind。

建筑玻璃需求增长的第二个重要驱动力是深加工占比的提升。深加工玻璃是一次成型的平板玻璃采用不同加工工艺制成的具有特定功能的玻璃产品，用于建筑领域的主要是中空玻璃、钢化玻璃和 Low-E 玻璃[⊖]（镀膜玻璃的一种）。一片中空玻璃或 Low-E 玻璃通常由 2～3 片平板玻璃原片构成，相当于单位建筑面积的玻璃原片用量呈一倍以上增长，从而使深加工占比的提升成为拉动平板玻璃总需求的重要因素。

　　根据国家统计局数据，2021 年我国深加工玻璃产量达 911 百万平方米，其中中空玻璃、钢化玻璃、夹层玻璃产量分别为 159 百万、620 百万、132 百万平方米。近十年我国深加工玻璃产量年复合增速接近 10%，同期平板玻璃产量年复合增速为 3.6%，深加工玻璃占比不断提升。但当前我国玻璃深加工率仅为 40%，而世界平均水平约 55%，发达国家达 65%～85%，我国玻璃深加工率和发达国家相比，仍存在较大差距。

　　而在"双碳"政策背景下，Low-E 玻璃市场也将加速成长。目前中国新建建筑中 Low-E 玻璃使用率仅为 12%，明显低于德国（Low-E 玻璃使用率为 92%）、韩国（Low-E 玻璃使用率为 90%）等发达国家。2022 年 4 月 1 日开始，中国正式实施《建筑节能与可再生能源利用通用规范》(GB 55015—2021)，其基本规定主要是新建居住建筑和公共建筑平均设计能耗水平应在 2016 年执行的节能设计标准的基础上分别降低 30% 和 20%。严寒和寒冷地区居住建筑平均节能率应为 75%；除严寒和寒冷地区外，其他气候区居住建筑平均节能率应为 65%；公共建筑平均节能率应为 72%。这将带动节能玻璃渗透率继续提升。Low-E 玻璃的渗透率提升还将带动

　　⊖ Low-E 玻璃（低辐射玻璃）是镀膜玻璃的一种，可以降低由室内外温差而引起的热传递，具有优异的隔热保温效果。

价格的提升，单银 Low-E 玻璃比普通浮法玻璃贵 40%～50%，双中空加镀膜钢化玻璃的价格是普通浮法玻璃的 10 倍左右。根据隆众资讯的统计，2020 年初全国共有 165 条 Low-E 玻璃产线，2020 年全年新增 Low-E 玻璃产能达 8740 万平方米，其中信义玻璃、南玻集团、旗滨集团 3 家公司占全部新增产能的 73%，行业集中度进一步提高。

总体来看，Low-E 玻璃的推广对附加值的带动效应更大，而对玻璃原片的需求主要由中空玻璃拉动。假设：①中空玻璃面积未来 5 年每年增速为 10%；②玻璃平均厚度由 2021 年的 5mm 上升至 2025 年达 6mm；③由于双层玻璃及三玻两腔的存在，平均片数由 2 片上升至 2025 年为 2.3 片。综上测算可得，乐观情况下到 2025 年中空玻璃有望消耗原片超 800 万吨，若按照 5000 万吨/年的浮法原片产能计算，占比将达 16%，较 2021 年的玻璃原片需求量呈一倍以上的增长。

竞争格局：产能供给有限，行业集中度缓慢提升

让我们首先回顾一下浮法玻璃产能释放的进程，主要经历了如下三个发展阶段（见图 3-28）：

第一阶段：2002～2008 年第一轮产能投放高峰期。2008 年以前，国内浮法玻璃总产能与在产产能基本保持同步增长。一方面因国内玻璃产能大多于 2001 年以后投产，按照 8～10 年窑龄计算，冷修总量不大，另一方面因房地产市场蓬勃发展，下游需求旺盛，玻璃行业景气度高，停产冷修对厂商来说成本巨大。在该阶段，房屋竣工面积年复合增速达 13%，旺盛的需求带动了浮法玻璃产能快速扩张，中国浮法玻璃产能由 1.98 万吨/日增长到 5.46 万吨/日，增幅高达 176%。

第3章 | 周期建材：规模成本制胜，供给改革新周期　133

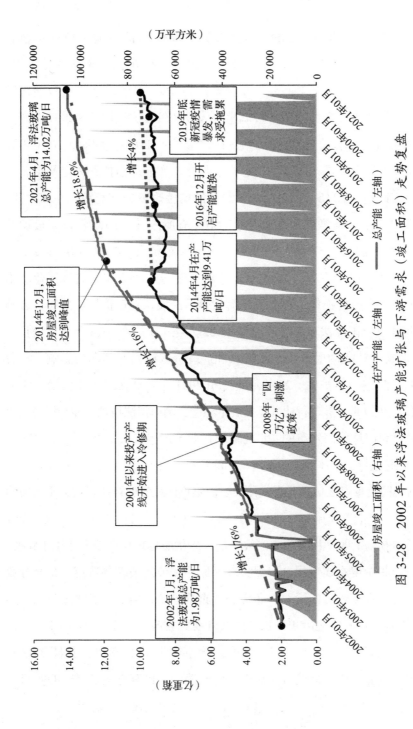

图3-28　2002年以来浮法玻璃产能扩张与下游需求（竣工面积）走势复盘

资料来源：Wind。

第二阶段：2009~2014 年第二轮产能快速扩张期。2008 年金融危机后国家出台"四万亿"刺激政策，房地产行业也迎来新一轮爆发。2009~2014 年房屋竣工面积年复合增速为 8%，虽然增速有所放缓但需求增量依然较大。在此期间，玻璃生产线投产较多，国内浮法玻璃总产能从 5.46 万吨/日增长到 11.82 万吨/日，增长了 116%。同时，2001 年以来新建的产线逐渐进入冷修期，总产能与在产产能逐渐拉开一定差距。

第三阶段：2015~2021 年供给侧结构性改革去产能期。在该时期，玻璃窑炉陆续冷修停产，叠加房地产增速有所放缓，2015 年以来玻璃总产能小幅增加，在产产能趋于平稳，两者差距扩大。2014 年房屋竣工面积达到峰值后稳中有降，2016 年开始新一轮房地产调控，玻璃行业实施环保限产、产能置换等，行业开始淘汰落后产能，总产能增速放缓。截至 2021 年 4 月全国浮法玻璃总产能为 14.02 万吨/日，较 2014 年底仅增长了 18.6%。在产产能因受下游需求疲软和产线进入冷修密集期的影响，与总产能的差距进一步扩大。2014 年 4 月至 2021 年 4 月在产产能仅增加 4%。

2022 年以来，玻璃行业处于发展平稳期，国内浮法玻璃产能新增继续受限。工业和信息化部发布的《水泥玻璃行业产能置换实施办法》自 2021 年 8 月 1 日起施行，整体对玻璃新增产能的管控进一步趋严：①位于国家规定的大气污染防治重点区域、非大气污染防治重点区域实施产能置换的平板玻璃建设项目，产能置换比例分别不低于 1.25∶1 和 1∶1；②2013 年以来连续停产两年及以上的平板玻璃生产线产能、光伏压延玻璃产能不能用于置换。

行业集中度在缓慢提升。浮法玻璃原片和节能玻璃制造行业是充分竞争、市场化程度较高的行业。龙头公司旗滨集团、信义玻璃通过收购增加产能，并在 2016 年之后积极扩充产线和实施技改。截至 2022 年 4 月，信义玻璃浮法玻璃在产产能占比 12.9%、旗滨集团占比 9.2%（见图 3-29）。但与水泥行业相比，玻璃行业集中度仍然偏低，仍有进一步提升的空间。

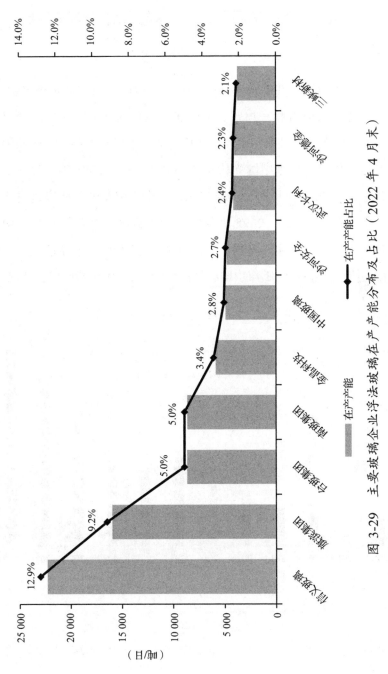

图 3-29 主要玻璃企业浮法玻璃在产产能分布及占比（2022 年 4 月末）

资料来源：卓创资讯。

3.2.2 光伏玻璃：未来格局取决于需求与供给的动态平衡

市场需求：装机、双玻及 BIPV 三轮驱动

光伏玻璃是光伏组件的重要辅材之一，太阳能电池片通常被 EVA 胶片封装在一片封装面板和一片背板的中间，面板通常采用光伏玻璃覆盖以确保有更高的光线透过率。因此，光伏玻璃需求增长的第一个驱动因素是光伏新增装机量。根据中国光伏行业协会的数据，2021 年全球新增光伏装机容量为 183GW，年同比增长 27%，其中中国新增装机容量占比达 29%（见图 3-30）。2022～2025 年全球的光伏新增装机容量年复合增速有望超过 15%。在组件生产环节，中国企业占据了绝对主导地位，据中国光伏行业协会数据，2021 年中国组件产量为 182GW，同比增长 46.1%。

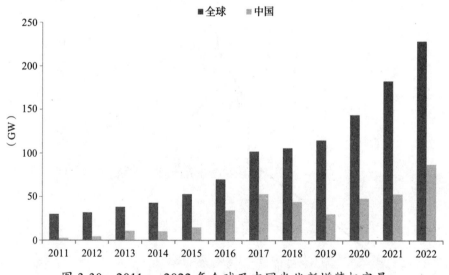

图 3-30　2011～2022 年全球及中国光伏新增装机容量

资料来源：中国光伏行业协会。

海外旺盛的需求主要来自欧洲和拉美市场，其中欧盟市场的装机目

标超预期。2022年5月18日欧盟公布了"RepowerEU"能源计划，提出到2025年将太阳能光伏发电能力翻一番，到2030年累计装机总量达600GW。据欧盟推算，如果要达到这个目标，2022～2025年欧盟年均新增光伏装机容量要超过40GW，2026～2030年年均装机容量约为56GW。

光伏玻璃需求增长的第二个驱动因素是双玻渗透率的提升。双玻组件的正面和背面均采用光伏玻璃封装，其发电量更高，耐候性和抗腐蚀性更强，生命周期更长。目前国内主流为双玻组件正反双面均采用2.5mm或2.0mm光伏玻璃进行封装。根据中国光伏行业协会数据，双玻组件占比由2019年的12%上升至2021年的37%，预计2023年双玻组件渗透率将达到50%，2025年双玻组件渗透率将达到60%。

双玻组件可有效带动光伏玻璃单位需求量的增长。双玻组件一般采用两块厚度为2.5mm的光伏玻璃取代常规组件3.2mm光伏玻璃和背板，按重量测算，生产1GW单玻组件需约4.17万吨光伏玻璃，而生产1GW双玻组件需约6.21万吨光伏玻璃，生产双玻组件将提高光伏玻璃单位需求量约49%。如果按面积测算，双玻组件对光伏玻璃单位需求量的带动作用相比单玻组件提升逾91%。

光伏玻璃需求增长的第三个驱动因素是BIPV[⊖]的快速放量。BIPV对光伏玻璃的需求较常规组件更高，将成为分布式光伏装机的重要增量。以隆基绿能的BIPV产品为例，每平方米BIPV最大功率为150.9W，而隆基绿能、晶科能源部分集中式光伏组件产品每平方米最大功率均在200W以上。以表3-3中的三种常规组件测算，单位装机量下采用BIPV产品对玻璃的需求比常规组件增加38.4%（见表3-3）。

⊖ BIPV为Building Integrated Photovoltaic的缩写，是指光伏建筑一体化。

表 3-3　BIPV 单位发电功率远低于常规组件

产品名称	最大功率（W）	组件尺寸	标准太阳能照射下电池输出功率（Wp/m²）	预计 BIPV 玻璃需求增加（%）
隆基 BIPV 产品	220	2 089mm × 698mm	150.9	38.4
隆基 Hi-MO 4	455	2 094mm × 1 038mm	209.3	
隆基 Hi-MO 4m	425	1 924mm × 1 038mm	212.8	
晶科 Cheetah HC 60M	345	1 684mm × 1 002mm	204.5	

资料来源：隆基绿能官网、晶科能源官网。

根据以上分析，假设全球光伏装机新增容量为中国光伏行业协会预测的中值，组件规格和单双玻比例是中国光伏行业协会的预测值，2022 年双玻组件中 2.5mm 和 2mm 玻璃的渗透率各为 30% 和 70%，至 2025 年 2mm 玻璃渗透率上升至 100%，而单玻组件均采用 3.2mm 玻璃，同时假设光伏组件年产量为装机容量的 1.2 倍，玻璃窑炉年生产天数为 360 天，成品率为 85%。根据上述假设，2022 年光伏玻璃在产产能达 8.4 万吨/日（按 365 天满产状态、90% 良率折算产量为 4.89 万吨/日），年同比增加 53.6%。2025 年的需求量有望达到 6.2 万吨/日，年复合增速达 8.2%。如果考虑 BIPV 带来的增量，行业需求将有更快的增长。

竞争格局：信义光能和福莱特双寡头，未来产能扩张规划大

光伏玻璃行业长期保持着较高的集中度，截至 2022 年 4 月底，两家龙头公司信义光能和福莱特产能占比总计约 43.7%，前十家企业占总产能的 80.4%（见表 3-4）。造成行业寡头垄断集中格局的原因主要在于光伏玻璃行业有着明显的规模效应，光伏玻璃较浮法玻璃技术壁垒更高，且光伏玻璃下游组件厂商的集中度也较高。

在后续扩产规划方面，据卓创资讯数据，截至 2022 年 4 月底，光伏玻璃行业熔量达 5.8 万吨/日，在产产能达 5.4 万吨/日（仅压延玻璃口

径）。其中福莱特、信义光能、南玻集团等均有多条产线计划投产，从新增产能规划看，前6家公司产能规划占总规划超50%（见表3-5），且正在听证的产能规划规模也较大。新进入者的增加以及激进的扩产计划或对双寡头的竞争格局形成一定挑战，但行业新增产能扩张能否最终落地，将受到产业政策、融资环境及上游矿砂资源等因素的制约。相对而言，两家在位龙头信义光能及福莱特，由于资源、技术、资金等优势，产能扩张的进度更快、确定性更强。

表3-4 光伏玻璃产线统计（压延工艺）

排序	公司名称	生产线数（条）	总产能（吨/日）	比重（%）	在产产能（吨/日）	比重（%）
1	福莱特	13	12 600	21.6	12 600	23.3
2	信义光能	14	11 900	20.4	11 000	20.4
3	中国建材	8	4 250	7.3	4 010	7.4
4	彩虹新能源	7	3 950	6.8	3 200	5.9
5	安彩高科	4	3 100	5.3	2 600	4.8
6	金信光伏	5	2 470	4.2	2 470	4.6
7	亿钧玻璃	2	2 400	4.1	2 400	4.4
8	亚玛顿	3	1 950	3.4	1 950	3.6
9	新福兴	2	1 750	3.0	1 750	3.2
10	燕龙基	2	1 450	2.5	1 450	2.7
	小计①	60	45 820	78.7	43 430	80.4
	其他	—	12 400	21.3	10 580	19.6
	合计		58 220	100	54 010	100

注：数据截至2022年4月底。
① 由于四舍五入的原因，此处小计未必准确。
资料来源：卓创资讯。

表 3-5 光伏玻璃在建产线统计

排序	公司名称	生产线数（条）	在建产能（吨/日）	比重（%）
1	信义光能	8	8 000	14.85
2	福莱特	5	6 000	11.14
3	南玻集团	4	4 800	8.91
4	旗滨集团	3	3 600	6.68
5	中国建材	4	3 500	6.50
6	彩虹新能源	3	3 000	5.57
其他		—	24 980	46.36
合计			53 880	100①

注：数据截至 2022 年 4 月底。
① 由于四舍五入的原因，最终总计不一定等于 100%。
资料来源：卓创资讯。

3.2.3 汽车玻璃：新车存量双拉动，寡头格局稳固

市场需求：新车及存量双重拉动

汽车玻璃市场可以分为两部分：① OEM⊖ 市场，主要是当年新车的配套；② AM⊖，主要是售后维修。其中，OEM 市场需求主要取决于当年的汽车产量，每辆车配一套汽车玻璃，AM 需求主要取决于汽车保有量以及汽车玻璃平均损坏率，中国汽车保有量相较发达国家有着很大的提升空间。同时，随着全景天窗渗透率持续提升，单车玻璃用量也持续提升。当前汽车玻璃朝着"安全舒适、节能环保、美观时尚、智能集成"方向发展，智能全景天幕玻璃、可调光玻璃、抬头显示玻璃、超隔绝玻璃等高附加值产品占比在不断提升。例如，综合考虑天幕、抬头显示、调色等功能

⊖ OEM 是英文 Original Equipment Manufacturer 的缩写，是指原始设备制造商，即原厂。
⊖ AM 是英文 After Market 的缩写，即汽车后市场。

升级后，汽车玻璃的单车价值量将从700元提升至2000元左右甚至更高。

2022年中国汽车市场前景较为乐观，根据中国汽车工业协会（简称中汽协）数据，汽车产量或增至2686万辆，同比增长约3%，据此预测2022年、2023年中国汽车玻璃市场总规模分别达235亿元和247亿元，全球汽车玻璃市场总规模分别约为832亿元和908亿元（见表3-6）。

竞争格局：行业壁垒显著，寡头垄断格局稳固

目前全球汽车玻璃市场已形成了寡头垄断的市场格局。2020年全球汽车玻璃前五大供应商分别为福耀玻璃（28%）、旭硝子（26%）、板硝子（17%）、圣戈班（15%）、信义玻璃（8%），五家公司市占率高达94%。中国的福耀玻璃成为全球汽车玻璃行业龙头，市占率达28%。这主要由汽车玻璃市场的重资产、高壁垒导致。汽车玻璃往往根据车型定制，汽车玻璃的制造需要玻璃厂商和车企的长期磨合，认证过程较长，客户黏性较大，车企更换供应商的成本较大。

展望未来，行业竞争格局依然会较为稳固，这主要是由于行业较高的进入壁垒：

1）新建就近配套主机厂的生产与销售网络的壁垒。汽车玻璃作为定制化程度较高的汽车零部件，就近设置生产和销售网点有助于满足主机厂的新车配套需求，进而提高汽车玻璃厂商对客户的配套产品渗透率。潜在进入者很难快速建立覆盖主要汽车生产基地的生产网络和全面的销售网络。

2）严格的产品与技术认证是切入主机厂供应链的壁垒。汽车玻璃存在较高的产品与技术认证壁垒，需就汽车零配件产品取得产品销售地所在国家（地区）的多项国家（地区）安全及质量认证，例如中国CCC、美国DOT、欧盟ECE、日本JAS和巴西INMETRO等认证，才具备切入主机厂供应链的基本资格。同时随着汽车玻璃不断向高端化、多功能化发展，技术研发同样形成了较高的壁垒。

表 3-6 中国及全球汽车玻璃市场规模（含预测）

	2018 年	2019 年	2020 年	2021 年	2022 年	2023 年 E
中国汽车产量（万辆）	2 781	2 572	2 523	2 608	2 700	2 781
年同比增长（%）	−4.2	−7.5	−1.9	3.4	3.5	3.0
中国汽车保有量（亿辆）	2.4	2.6	2.81	3.02	3.11	3.31
年同比增长（%）	10.50	9.00	8.08	7.47	2.98	6.50
中国汽车玻璃 OEM 市场规模（万套）	2 781	2 572	2 523	2 608	2 700	2 781
中国单套汽车玻璃面积（平方米）	4.1	4.1	4.2	4.2	4.3	4.3
中国汽车玻璃 OEM 市场规模（亿平方米）	1.14	1.05	1.06	1.10	1.16	1.20
中国汽车玻璃 AM 规模（亿平方米）	0.09	0.10	0.11	0.12	0.12	0.13
中国汽车玻璃市场总规模（亿平方米）	1.23	1.15	1.17	1.21	1.28	1.33
年同比增长（%）	−0.71	−6.24	1.41	3.81	5.93	3.36
中国汽车玻璃单价（元/米²）	164	174	177	180	183	186
中国汽车玻璃市场总规模（亿元）	201	200	207	218	235	247
年同比增长（%）	2.41	−0.52	3.16	5.57	7.69	5.06
全球汽车产量（万辆）	9 687	9 218	7 762	8 015	8 502	8 850

项目						
年同比增长（%）	0.13	-4.84	-15.79	3.25	6.08	4.09
全球汽车保有量（亿辆）	14.19	14.46	14.82	15.17	11.46	14.97
年同比增长（%）	2.98	1.90	2.49	2.36	2.30	2.50
全球单套汽车玻璃OEM市场规模（万套）	9 687	9 218	7 762	8 015	8 502	8 850
全球单套汽车玻璃面积（平方米）	4.1	4.1	4.2	4.2	4.3	4.3
全球汽车玻璃OEM市场规模（亿平方米）	3.97	3.78	3.26	3.37	3.66	3.81
全球汽车玻璃AM规模（亿平方米）	0.54	0.56	0.59	0.60	0.59	0.61
全球汽车玻璃市场总规模（亿平方米）	4.51	4.33	3.85	3.97	4.25	4.41
年同比增长（%）	3.00	-3.97	-11.17	3.11	6.99	3.86
全球汽车玻璃单价（元/平方米）	180	191	195	198	201	204
全球汽车玻璃市场总规模（亿元）	812	828	751	786	854	900
年同比增长（%）	5.94	1.89	-9.31	4.69	8.61	5.41

注：由于四舍五入的原因，表中数据未必准确。

资料来源：中汽协、国家统计局。

3）重资产行业资金投入的壁垒。在欧洲、美国和中国，建立一条年产能约 400 万平方米汽车玻璃的生产线通常需要投资约 4000～6000 万欧元、7000 万美元及 2 亿元人民币。另外，为了及时供应高质量浮法玻璃以满足汽车玻璃生产需求，汽车玻璃生产商通常在汽车玻璃生产基地附近建立浮法玻璃生产线，在欧洲及中国建立浮法玻璃厂房分别需要投资约 1 亿～1.5 亿欧元及人民币 4 亿元。

在中国汽车玻璃市场，两家龙头公司福耀玻璃和信义玻璃 2020 年的市占率分别约 50% 和 21%。两家公司的专注市场有所不同，其中，信义玻璃的汽车玻璃业务主营汽车零配件 AM，2020 年 88% 的汽车玻璃收入来自汽车玻璃 AM 经销商与批发商，按销量计算，信义玻璃占全球汽车玻璃 AM 份额超 25%。而福耀玻璃则是 OEM 市场的绝对龙头。

3.2.4　电子玻璃：国产替代加速，从"柔变"到"叠变"

市场需求：手机基板玻璃及盖板玻璃稳健增长

电子玻璃在智能手机和平板电脑上的应用最为广泛，根据屏幕结构主要分为两种玻璃——基板玻璃和盖板玻璃。

（1）基板玻璃市场　国内需求大，国产加速替代可期。据 Maia Research and Analysis 统计，全球电子玻璃市场规模由 2016 年的 79 亿美元增长至 2020 年的 84 亿美元，基板玻璃是市场的主要组成部分，市场规模占比超过 65%。中国基板玻璃市场规模保持高速增长，2020 年市场规模达 252 亿元左右（见图 3-31）。目前行业市场主要被日韩企业占据，国产替代空间广阔，加上基板玻璃下游（面板行业）国产化率已较高，预计中国基板玻璃市场规模将持续较高增长。

（2）盖板玻璃市场　在手机销量疲软的情况下，根据 IDC 提供的基础数据，我们测算 2022 年全球盖板玻璃市场消费量达 8163 万平方米，对应市场规模约 171.6 亿元。预计未来几年市场规模将缓慢增长，2025 年市场规模达 245.2 亿元，手机背板、盖板依然是最主要的需求来源（见图 3-32）。

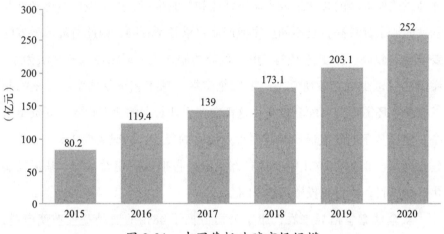

图 3-31　中国基板玻璃市场规模

资料来源：智研咨询。

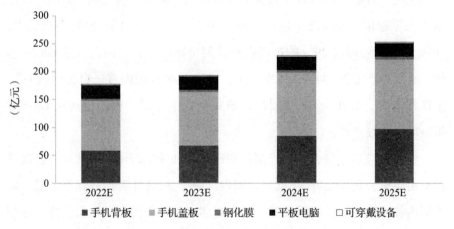

图 3-32　全球盖板玻璃市场规模预测

资料来源：IDC。

竞争格局：国产替代逐步从低端走向高端

电子玻璃全球市场集中度较高，原因主要在于其生产具有较高的壁垒。①配方壁垒：玻璃的化学组成直接影响玻璃的各种性质，在生产中往往通过改变玻璃的化学组成来调整性能和控制生产，电子玻璃对透光性及强度的要求都较高，且不同厂家或产品要求各不相同，因此对玻璃配方的要求相对较高。②工艺壁垒：电子玻璃的制作工艺以溢流法和浮法为主，溢流法仅被少数企业所掌握。要完全掌握一项工艺不仅要掌握完整的制备方法，还需要拥有配套设备，这都需要企业长期的研发投入。③资金壁垒：建设一条电子玻璃产线需要投入庞大的资金，同时需要 1.5～2 年的建设周期。例如，2021 年 9 月彩虹股份公告拟投资建设 G8.5+ 基板玻璃生产线项目，项目总投资高达 91 亿元。

从全球竞争格局来看，康宁公司占据了 48% 的液晶基板玻璃市场，2019 年该市场 CR3 超过 95%。尤其在高端市场，由于溢流法工艺的产品质量好，康宁公司玻璃的市占率超过 70%。国内厂商主要包括彩虹集团、东旭光电，目前市场占有率较低。在高世代线基板玻璃领域，国际厂商占据了主导地位，相比之下国产厂商差距更大。在 8.5 代基板玻璃市场中，2019 年康宁公司以 29% 的市场份额位列全球第一，而国内首条 G8.5+ 世代（最新）产线 2019 年 9 月才点火。2020 年 8 月国内首条自主研发 G7.5 生产线点火，2020 年 11 月国内首条完全自主知识产权的溢流法 G8.5 基板玻璃生产线量产。

在盖板玻璃市场，国内产能扩张迅速，加速实现国产替代。盖板玻璃最早由康宁公司于 2007 年推出，国内厂商于 2013 年开始有量产产品。随着国内技术研发不断取得突破，越来越多有竞争力的产品问世，除了东旭光电、彩虹集团等专注于电子玻璃及显示器件的公司，传统玻璃的制造大厂如南玻集团、凯盛集团、旗滨集团也加大投资力度。截至 2021 年末国内高铝盖板玻璃产能超 4000 万平方米。

此外，电子玻璃的国产替代也在逐步从低端走向高端。南玻集团的高铝三代 KK8 玻璃已经实现了对康宁 GG7 等中高端产品的国产替代。在代表最新技术方向的折叠屏（UTG）手机领域，凯盛科技在玻璃原片生产到后续加工领域均实现了突破，打破了折叠屏超薄玻璃原片领域的国外垄断，并与华为合作取得 UTG 性能提升专利。

未来趋势：玻璃材料应用继续增加，技术从"柔变"到"叠变"

趋势之一：5G 推动手机背板材料加速向玻璃材料渗透

手机外壳的材料经历了塑料、金属边框+塑料机身、金属中框+玻璃机身的变迁，随着手机无线充电的普及以及 5G 的渗透，考虑到工艺成熟度、性价比、材料特性，玻璃背板渗透率有望持续上升。在 5G 换新机的浪潮下，玻璃背板需求增加叠加玻璃渗透率提升，玻璃背板需求增速将快于 5G 手机出货量增速。

5G 手机开启玻璃机身加金属中框配置。随着玻璃工艺和加工成本的优化，玻璃机身质量得到提升。同时无线充电技术、5G 的应用也促进了玻璃机身配比的提高。具体来看，5G 的频率比 4G 高，衰减速率加快，金属背板对电磁波有屏蔽作用且导热性更强，易造成信号损失。同时，金属外壳还会引起能量损耗，不利于无线充电。

趋势之二：3D 玻璃盖板由高端机型逐步向下渗透，单机价值量提升

全球手机市场发展进入成熟期，手机出货量较为平稳，但品牌集中度却进一步提高，市场洗牌仍在继续。在竞争日益激烈的情况下，单纯的硬件升级已无法满足消费者的需求，手机的同质化促使厂商创新产品。在颠覆性技术出现之前，行业进入微创新阶段，屏幕成为重要的突破口，从分辨率（720P、1080P、2K）到材质（LCD、OLED），再到手感（平面、弧面）。目前 2.5D 弧面玻璃已经较为普及，3D 曲面屏手机也开始逐步渗透。

从产业链角度看，目前全球能供应小尺寸 OLED 屏幕的公司不多，据 IHS 数据，三星在小尺寸 OLED 屏幕的市占率达 90% 以上。3D 玻璃的主要供应商为伯恩光学和蓝思科技，它们占据 3D 曲面玻璃市场份额 95% 以上。"3D 玻璃 + OLED 显示屏"由于良好的视觉延展性、高屏占比等特性越来越受到消费者青睐，几大手机品牌商的高端机型均应用了"3D 玻璃 + OLED 显示屏"方案。

随着国内各大面板厂在 OLED 显示屏产能瓶颈方面不断突破，OLED 显示屏价格有望下降，我们认为未来"3D 玻璃 + OLED 显示屏"方案的渗透率有望进一步提升。这点从中游公司的动态中也可以得到验证，据蓝思科技预计，安卓系列新机型倾向于采用 3D 玻璃后盖，并且公司已根据主要客户的需求指引制订了 3D 玻璃扩产计划。从 OLED 手机出货量看，据 UBI Research，2021 年上半年全球已推出约 122 款使用 OLED 屏幕面板的智能手机。

趋势之三：折叠屏手机使超薄柔性盖板玻璃出货量大增

从实现量产到走进大众视野，折叠屏手机仅耗时两年。2018 年全球第一部实现量产商用的折叠屏手机 FlexPai 一代发布，2019 年三星和华为先后发布了 Galaxy Fold 和华为 Mate X 两款折叠屏手机，折叠屏大范围走进消费者的视野。2021 年被称为"折叠屏元年"，市场调研机构 Omdia 公布的《2021 年第四季度智能手机型号市场追踪》报告显示，2021 年折叠屏手机全年出货量达 900 万台，同比增长 309%。截至 2021 年末全球折叠屏智能手机累计出货量达 1150 万台。

目前 UTG 原片供应商主要为德国肖特，三星从德国肖特独家采购 UTG 母玻璃，再通过 Dowoo Insys 将玻璃进行减薄与强化。国内具备后端减薄深加工能力的企业包括赛德公司、凯盛科技、和美光学、苏钏科技、长信科技等,但目前各家的良率及量产能力尚不明确。国内当前已经能够实现 UTG 原片量产的企业凤毛麟角,深加工企业仍需购买国外原片,供应受限,成本偏高。此外,UTG 深加工产线的投资额也较大,以凯盛科技为例,UTG 二期项目投资额超过 10 亿元,建设周期达 20 个月。率先投产并经过下游厂商认证的企业将占据先发优势。

综合以上行业趋势分析,具备较高盖板玻璃技术的南玻 A(高铝三代 KK8 玻璃,对标康宁 GG7)以及率先突破 UTG 技术并取得下游认证的凯盛科技有望迎来业绩和估值的重塑。

3.2.5 药用玻璃:中硼硅玻璃渗透率带动量价齐升

中国药用玻璃市场保持了良好的成长性。根据 Reportlinker 报告,中国药用玻璃行业市场规模从 2012 年的约 174.9 亿元增长到 2020 年的 234 亿元,年复合增长率为 3.7% 左右。全球药用玻璃市场规模在 2025 年将达到 220.5 亿美元,印度和中国等新兴市场增长率将达到 9%,中国将成为药品玻璃包装瓶的主要消费国之一。

目前国内主要药用玻璃产品年需求约 800 亿支,其中模制瓶和管制瓶需求各约 150 亿支,安瓿瓶需求近 400 亿支。分应用领域看,注射剂(冻干剂、粉针剂、水针剂)瓶、口服制剂瓶占药用玻璃消费量分别为 61%、27% 左右,输液瓶等占 12%。下游需求增长是药用玻璃需求增长的关键驱动力,随着注射剂市场持续增长,药用玻璃市场将继续稳步增长。从不同化学成分看,中国药用玻璃 90% 以上是低硼硅玻璃和钠钙玻璃,中硼硅玻璃渗透率仅为 7%~8%,关联性评审和一致性评价两项政策推动中硼硅玻璃渗透率提升。

注射剂过评药品放量,驱动中硼硅玻璃渗透率提升。仿制药一致性评价推进加速,注射剂过评药品迎放量。据国家药品监督管理局药品审评中心（简称药审中心）发布的《2020年度药品审评报告》数据，2020年药审中心完成仿制药一致性评价申请1136件，通过577件（其中注射剂121件），同比分别增长103.22%和121.92%，审评通过率为50.8%。注射剂一致性评价自2020年正式开启，针对启动前已有的620件待审评申请，药审中心成立专项审评工作组，加快审评速度，在不到5个月的时间内完成了全部审评，一致性评价按时限审评已进入常态化。伴随着口服固体制剂药品一致性评价进入收尾阶段，注射剂药品过评效率或有较大提高，将带动中硼硅玻璃渗透率持续提升。据中国医药报发布的《2021年度仿制药一致性评价情况分析报告》，2021年共有1972个品规的仿制药通过一致性评价（包含按化学药品新注册分类批准的895个品规仿制药），涉及571家医药企业、532个药品品种，其中有264个药品品种为首家过评。从过评药品剂型来看，注射剂是2021年通过一致性评价药品的主要剂型，共计879个品规，占比45%（2019年、2020年分别为5%、22%），近年占比稳步提升（见图3-33和图3-34）。

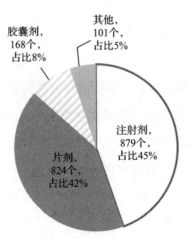

图3-33　2021年通过一致性评价药品剂型情况

资料来源：《2021年度仿制药一致性评价情况分析报告》（中国医药报）。

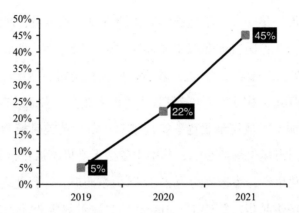

图 3-34　2019～2021 年通过一致性评价中注射剂占比变化

资料来源：《2021 年度仿制药一致性评价情况分析报告》(中国医药报)。

从具体产能来看，2021 年，中国医药包装行业药用玻璃细分市场产能较为充足。正川股份管制瓶产能达到 60 亿支，而山东药玻产能较大，各类药用玻璃系列总计产能超过 150 亿支⊖(见表 3-7)。

表 3-7　2021 年中国部分药用玻璃企业细分市场产能

企业名称	目前产能	其他
正川股份	管制瓶 60 亿支	拥有超 700 台制瓶机
肖特药包	管制瓶 21 亿支	
格雷斯海姆中国	管制瓶 16 亿支	
山东药玻	模制瓶 90 亿支 棕色瓶 30 亿支 管制瓶 12 亿～14 亿支 安瓿瓶 12 亿支	2020 年公司在拉管二车间着手研制中硼硅玻璃管，公司部分管制瓶使用自产中硼硅玻璃管
德州晶华	模制瓶 15 亿支	拥有全新药用玻璃和日化玻璃产线 16 条
力诺特玻	管制瓶/安瓿瓶 32 亿支	拥有 14 条国际先进拉管线，70 余条国际先进制瓶机

资料来源：前瞻产业研究院。

⊖ 山东药玻药用玻璃产能的 150 亿支还包括表中未提及的其他产能。

模制瓶市场集中，中硼硅玻璃管依赖进口。总体看，2021年山东药玻、正川股份、力诺特玻和四星玻璃在中国药用玻璃行业收入中占比分别为19%、7%、4%和2%。进一步看，中国管制瓶制瓶产能可以满足管制瓶需求，但由于中国受限于拉管技术，大多数企业只能进口中硼硅玻璃管进行二次加工。从模制瓶竞争格局来看，山东药玻是模制瓶市场的绝对龙头，占据市场份额约80%，其中中硼硅Ⅰ类模制瓶销量超过2亿支，已实现国产化生产，渗透率约为2%。除山东药玻外，行业内生产模制瓶的企业还有德州晶华，年产5～100ml模制注射剂瓶28亿支。德力股份2020年8月投资1亿元成立德力药玻，从事中硼硅模制瓶、管材等药用玻璃材料生产业务。

3.2.6　财报解读：龙头企业规模与成本优势持续领先

规模效应：营收规模较大的龙头盈利能力更强、更稳定

玻璃属于资金密集行业，规模大、市场地位领先的企业抵御风险的能力更强。 从营收规模看，信义玻璃、旗滨集团、南玻集团2021年的主营玻璃业务营收规模均超百亿元。光伏玻璃中信义光能、福莱特两家规模较大，2021年营收分别为111亿元、71亿元，与第二梯队的凯盛新能、彩虹新能源、亚玛顿等规模差异较为明显（见图3-35）。

从毛利率水平看，2018～2021年主要用于建筑的浮法玻璃的龙头企业毛利率高于光伏玻璃龙头企业。光伏玻璃企业中的信义光能与福莱特毛利率远高于其他光伏玻璃企业，无原片产能的企业如亚玛顿毛利率维持在10%左右。浮法玻璃方面，由于规模效应，毛利率水平为信义玻璃＞旗滨集团＞南玻集团，建筑玻璃中的深加工方面，旗滨集团的建筑节能玻璃毛利率远高于南玻集团，主要是因为计算口径不同，旗滨集团将原片端利润也算入了深加工业务毛利率（一体化口径）（见图3-36）。

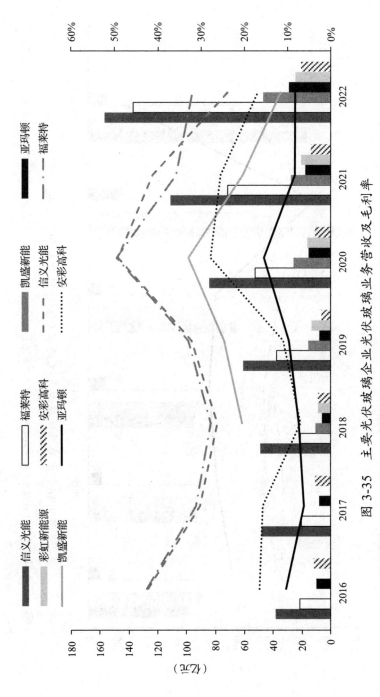

图 3-35 主要光伏玻璃企业光伏玻璃业务营收及毛利率

注：柱状为各个公司营收，折线为各个公司毛利率。彩虹新能源未披露分业务的毛利率，因此未体现在图中。
资料来源：各公司年报。

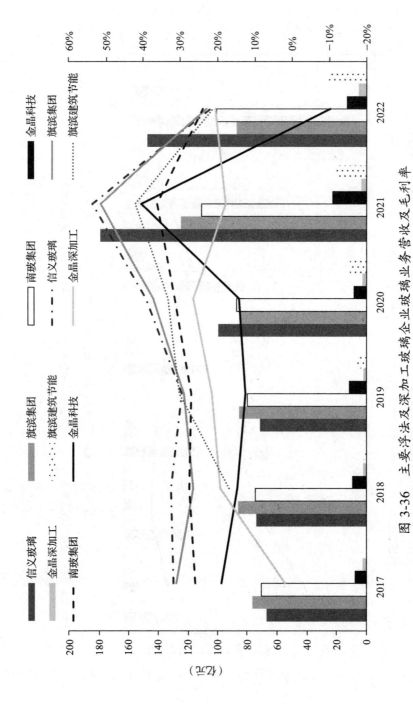

图 3-36 主要浮法及深加工玻璃企业玻璃业务营收及毛利率

注：柱状为公司浮法及深加工玻璃业务对应的营收，其中南玻集团营收包括部分工程玻璃，折线为公司浮法及深加工玻璃业务对应毛利率。
资料来源：各公司公告。

ROE：光伏玻璃最优，浮法玻璃处上升通道

总体来看，浮法玻璃、光伏玻璃板块 ROE 较高。浮法玻璃近年来 ROE 稳步增长，2021 年浮法玻璃第一梯队的信义玻璃和旗滨集团 ROE 分别为 37.0% 和 37.9%。其他企业的 ROE 较为平稳，2021 年福耀玻璃、凯盛科技和山东药玻的 ROE 分别为 13.0%、6.0% 和 13.3%。信义玻璃 ROE 于 2014 年跌至 11.1% 后，开始回升，2018 年前后稳定在 23% 左右，近几年大幅增长，由 2019 年的 22.7% 增长至 2021 年的 37.0%，主要受益于下游需求旺盛，总资产周转率提升。福莱特 ROE 于 2018 年触底反弹，主要原因是 2018 年"531 新政"后产业链价格大幅下跌引发海外需求爆发、双玻组件渗透率提升带动了光伏玻璃需求，以及公司融资扩产导致的资产负债率提高。2021 年，行业下游需求有所回落，公司净利率和资产周转率有所下降，ROE 同比下降 9.0 个百分点（见图 3-37）。

从盈利能力看，光伏玻璃整体盈利能力优于浮法玻璃，主要是由于光伏玻璃仍处于高成长扩张期。2019～2021 年浮法玻璃和光伏玻璃龙头盈利能力差距不明显，净利率在 35% 左右，优于其他玻璃板块。2021 年浮法玻璃第一梯队的信义玻璃和旗滨集团毛利率接近，分别为 51.8% 和 50.2%。信义玻璃的控费能力更强，净利率为 37.7%，旗滨集团为 29.0%。第二梯队的南玻集团的盈利能力和第一梯队仍有较大差距，2021 年毛利率和净利率分别为 35.1% 和 11.5%。光伏玻璃毛利率和净利率于 2021 年有所回落，2021 年信义光能、福莱特和凯盛新能净利率分别为 34.5%、24.3% 和 9.6%，企业间盈利能力差异明显。在其他玻璃板块中，汽车玻璃和药用玻璃的盈利能力更好，净利率均在 15% 左右，主要由于汽车玻璃业务技术壁垒较高、竞争格局较好。汽车玻璃以福耀玻璃为代表，2019～2021 年净利率在 13% 左右。药用玻璃以山东药玻为代表，

2019～2021年净利率为15%左右。电子玻璃的凯盛科技待UTG放量后，盈利能力有望提升（见图3-38和图3-39）。

从总资产周转次数来看，浮法玻璃主要企业的总资产周转次数逐年提升，2021年超过光伏玻璃。旗滨集团总资产周转次数最高，2021年为0.83次，光伏玻璃中福莱特总资产周转次数最高，2021年为0.54次。从资产负债率来看，凯盛新能和凯盛科技的资产负债率较高，2021年分别为53.0%和59.9%，山东药玻资产负债率最低，2021年为27.1%，其他企业则维持在40%左右（见图3-40和图3-41）。

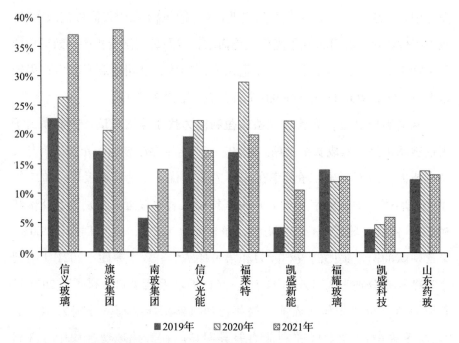

图3-37　2019～2021年各玻璃企业ROE

资料来源：Wind。

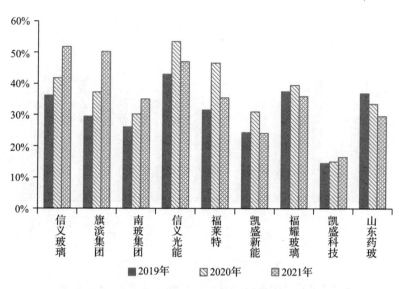

图 3-38　2019～2021 年各企业毛利率

资料来源：Wind。

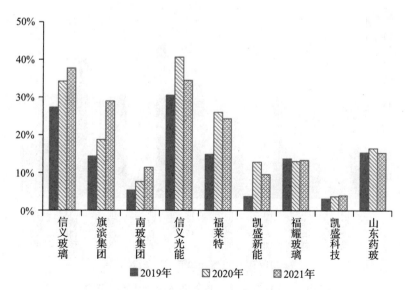

图 3-39　2019～2021 年各企业净利率

资料来源：Wind。

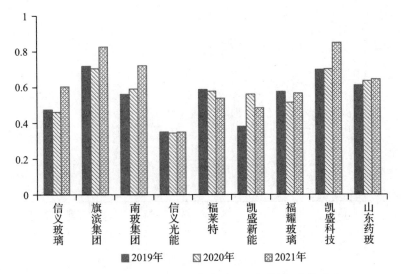

图 3-40　2019～2021 年各企业总资产周转次数

资料来源：Wind。

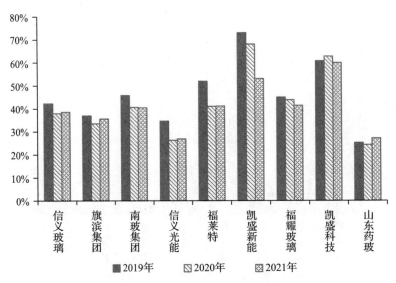

图 3-41　2019～2021 年各企业总资产负债率

资料来源：Wind。

主要企业期间费用稳中有降,运输费率差异明显

2019～2021年行业整体期间费用率有所下降,四项费用率占比企业间存差异。7家重点玻璃企业中只有旗滨集团的期间费用率在逐年上升(2020～2021年主要受股权激励影响),其他6家企业在2021年的期间费用率均为2019～2021年中的最低水平。2021年除了福耀玻璃期间费用率超过20%,其他企业的期间费用率均在16%以下,行业整体费用控制能力较强(见图3-42)。通过对期间四项费用进行拆分可以发现,旗滨集团管理费用率较高且逐年上升,2021年管理费用率为9.5%(剔除股权激励后为8.3%),但其销售费用率和研发费用率较低。福耀玻璃的销售费用率、管理费用率、研发费用率均较高导致其期间费用率最高,超过了20%。凯盛新能的财务费用率为7家企业中最高,但呈现递减趋势。

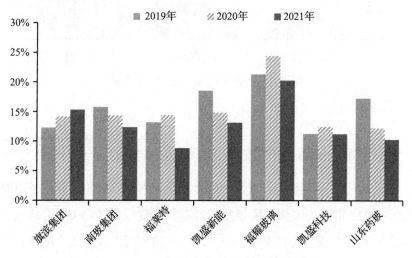

图3-42 重点玻璃企业期间费用率

资料来源:Wind。

进一步看,玻璃产成品较重,对运输距离较为敏感,一般运输半径为500公里。2019年,福莱特、南玻集团、旗滨集团运输费率分别为4.7%、

1.6%、0.7%（见图3-43），公司间差异较大。旗滨集团和南玻集团生产基地分布较为分散，福莱特国内区域布局主要集中在安徽、浙江，组件企业工厂多分布在江苏，因此光伏玻璃企业运输费率比浮法玻璃企业更高。旗滨集团漳州生产基地靠近码头（公路运输成本大约为水路运输成本的10倍）、铁路等交通设施，运输成本较低。

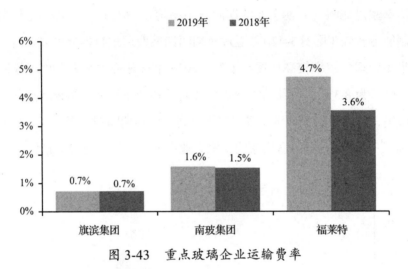

图3-43 重点玻璃企业运输费率

资料来源：Wind。

经营性净现金流：浮法玻璃龙头造血能力增强，光伏玻璃波动较大

通过对比不同企业的经营活动现金流净额占营收比重，我们可以看出2019～2021年浮法玻璃两家企业的经营性净现金流（CFO）占营收比重明显高于其他企业。得益于2019～2021年玻璃行业供需关系的优化及行业高景气度公司具备一定的造血能力，行业内企业能够满足多元化扩张下的投资活动所需的资金投入。光伏玻璃两家企业的CFO占比明显小于其他企业。如福莱特的经营性净现金流波动较大，2019～2021年分别为5亿元、17亿元和5.8亿元，2021年CFO大幅下降，主要由于部分原材料和燃料价格上涨且供需关系波动较大，公司为保证自身的原材料供应并锁定价格，原材料和燃料采购款的开支增长较大。（见图3-44和图3-45。）

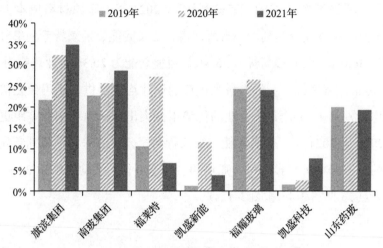

图3-44　主要玻璃企业CFO占营收比重

资料来源：Wind。

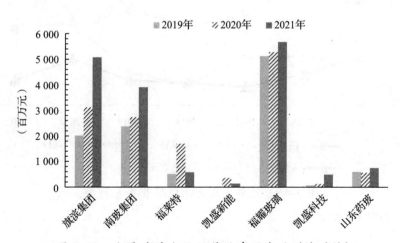

图3-45　主要玻璃企业经营性净现金流（绝对值）

资料来源：Wind。

光伏玻璃龙头"壁垒利润"的来源

光伏玻璃行业龙头信义光能及福莱特利润率较其他企业有明显优势，可以看作两家公司的"壁垒利润"。 2021年由于原材料成本大幅上涨，主要光伏玻璃企业利润率有所回落，信义光能、福莱特毛利率分别为41.1%、36.0%，而安彩高科为25.4%，凯盛新能为20.3%，亚玛顿为8.3%（信义光能、福莱特、安彩高科光伏玻璃原片均为自供，亚玛顿光伏玻璃原片均为外部采购），龙头企业的优势十分突出。从净利率看差距更为明显，2020~2021年，信义光能、福莱特两家公司的净利率分别领先第二梯队的三家公司（安彩高科、亚玛顿、凯盛新能）平均水平达24.8、23.2个百分点。（见图3-46和图3-47。）

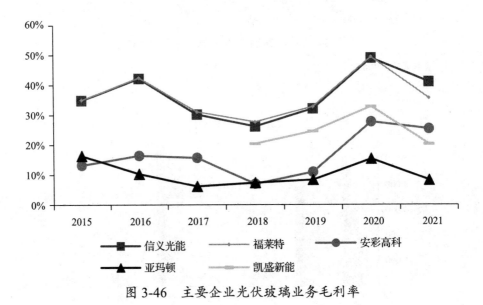

图3-46　主要企业光伏玻璃业务毛利率

资料来源：Wind。

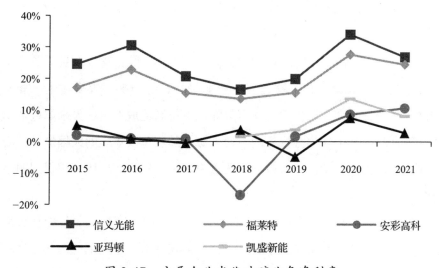

图 3-47　主要企业光伏玻璃业务净利率

资料来源：Wind。

一线龙头信义光能和福莱特的"壁垒利润"主要来自规模优势、技术优势、区域优势、生产效率四个方面。规模优势可以增强企业在原材料采购中的议价能力，规模化生产及技术优势有望使企业获得更高的成品率，区域优势可以降低企业向下游组件厂商供货及原材料的运输成本，大型窑炉具备更低的单耗、更高的生产效率。

1）一般企业规模越大，原材料及燃料采购能够获取越好的折扣价。光伏玻璃成本主要包括原材料成本、燃料动力成本和其他可变成本，各占总成本的40%、40%和15%左右（以福莱特为例）。其中，原材料主要为纯碱和石英砂，燃料及动力主要为石油类燃料、天然气和电。纯碱占总成本的20%左右，2015年以来，福莱特纯碱采购价格均低于国内均价，天然气的采购年均价下降幅度也较工业用气价格下降更大，因此公司具有一定的原材料及燃料采购价格优势。目前福莱特安徽凤阳产线的燃料基本是天然气，从新奥燃气采购能获得较低采购价格，采购成本有望进一步控制。

2）龙头企业良品率更高。目前行业良品率水平在78%左右，龙头企业福莱特和信义光能良品率远高于行业平均，超80%。规模化生产能够提高产品的良品率和产出效率，有效降低单位制造成本。损失来源包括切边和不良品，其中切边是损失的主要来源。随着单线规模的大幅提升，需切除的废边占比、生产线有效面积覆盖率等指标较原有产线有望得到明显优化。

3）龙头企业能耗更低。未来几年行业内新建大窑炉主要集中在头部企业，大窑炉相对小窑炉成本更低，主要体现在大窑炉内部的燃料燃烧和温度更稳定，废边也相对更少，因此所需要的原材料更少，能耗更低。

4）龙头企业具备更强的连续供应能力。大型组件客户往往采用签订长单的模式，龙头企业有望进一步提升行业市场集中度。2015～2020年，组件企业CR5集中度持续提升，多家组件头部企业纷纷签订原材料及辅料长单，第一梯队公司凭借品牌和渠道有望获取更多份额。

3.2.7 龙头复盘：信义玻璃及福莱特成长之路

信义玻璃：审时度势扩大规模，多元发展焕发活力

1. 发展历程：产能扩张及多元化之路

信义玻璃主要通过国内并购整合及海外布局扩大规模，向光伏玻璃、光伏电站运营、汽车玻璃等领域多元发展，从而实现了收入规模和业绩的持续增长。2005～2021年公司收入、归母净利润同比分别增长了17倍和35倍，年复合增速分别达18.3%和23.2%。

（1）**品类扩张** 信义玻璃于1988年成立，初期主要从事玻璃深加工产品业务，子公司信义汽车玻璃（深圳）于1988年成立，主要从事汽车

玻璃的生产。1998年公司开始生产建筑玻璃。至2001年，公司汽车玻璃业务占比约77%，建筑玻璃业务占比约23%。在玻璃原片上，2002年公司开始生产压延玻璃。2006年公司建成第一条浮法玻璃生产线，开始为公司深加工玻璃提供浮法原片。在光伏领域，2007年公司首次切入光伏玻璃产业，2008年超白光伏玻璃生产线投产。2013年公司将光伏相关资产分拆为信义光能并独立上市，2019年又将太阳能发电厂经营业务从信义光能中分拆为信义能源上市。

截至2021年，公司浮法玻璃及超白光伏玻璃业务占比为71.9%，汽车玻璃和建筑玻璃业务则分别占比17.9%和10.2%。公司截至2021年末浮法玻璃在产产能居全国第一，汽车玻璃市占率排国内第二，是国内前两大低辐射镀膜建筑玻璃生产商之一。

（2）产业链延伸　从玻璃原片生产向上拓展至砂矿，向下拓展至深加工及新能源运营。信义玻璃通过直接或间接参股北海义洋矿业、东源新华丽及合浦信义矿业，实现部分硅砂自供。此外，公司广西子公司2020年中标广西北海市铁山港区南康镇瓦窑塘石英砂矿采矿权（石英砂矿资源净矿量为815.03万吨），项目投产后能进一步提升公司硅砂自供率，提升公司原材料成本稳定性。

（3）全球化布局　公司自创始以来坚持全球化布局，自1989年开始出口汽车玻璃，于1997年、2005年、2006年分别在北美、欧洲、日本建立公司开拓海外市场。其中，汽车玻璃业务重心在海外维修市场，海外市场占比为77%，信义汽车玻璃在全球汽车玻璃替换市场占比为25%。公司在马来西亚建立了大型海外生产基地，第一条浮法玻璃生产线和低辐射镀膜玻璃生产线于2017年投产。

（4）并购整合扩张产能　2007年信义玻璃收购深圳南玻汽车玻璃。深圳南玻汽车玻璃主要从事生产及销售汽车夹层及钢化安全玻璃，是中国夹层汽车玻璃的三大出口商之一。2018年信义玻璃在原华尔润厂址投资5亿美元设立江苏产业基地，包括高端浮法玻璃、锂电池两大生产基地等。华尔润曾为中国民营玻璃巨头，在全国有20条浮法生产线。此外公司还于2021年6月收购中航特玻旗下4条浮法生产线。

2. 资本市场表现复盘

信义玻璃（上市代码00868.HK）是周期股里面的大白马及长期牛股。公司于2005年2月在港交所上市，截至2021年末收盘价（前复权）较发行价累计上涨了45倍（年复合涨幅为25.1%），按照期间最高价计算则累计上涨了79倍。

（1）2005～2015年的表现　2007年随着公司的业务扩展至光伏玻璃及汽车玻璃，公司股价不断上涨（估值水平水涨船高），2008年金融危机爆发，公司股价跌至谷底。2009年，随着全球各地推行量化宽松货币政策救市，拉动行业需求，公司股价迅速恢复，同年9月，公司超白浮法玻璃和超白光伏玻璃新产线投产。2010年，光伏行业因各国政府对清洁及可再生能源的支持而大幅增长，公司光伏玻璃业务也大幅增长，股价也超过前期高点。2011年开始，光伏行业的发展受"双反"影响，光伏玻璃行业进入价格竞争阶段，公司股价大幅下跌，国内对节能建筑玻璃的需求和海外对替换市场汽车玻璃的需求成为推动公司业绩增长的主要原因，但同时估值也有所回落。2012年，光伏玻璃价格开始反弹，公司开始投资建设光伏电站项目，浮法玻璃的价格也开始上涨，公司股价开启新一轮上涨周期。2013年底，公司将光伏相关业务分拆为信义光能上市，叠加行业供给过剩，2014年浮法玻璃价格有所下降，公司估值水平回落至10倍以下（见图3-48）。

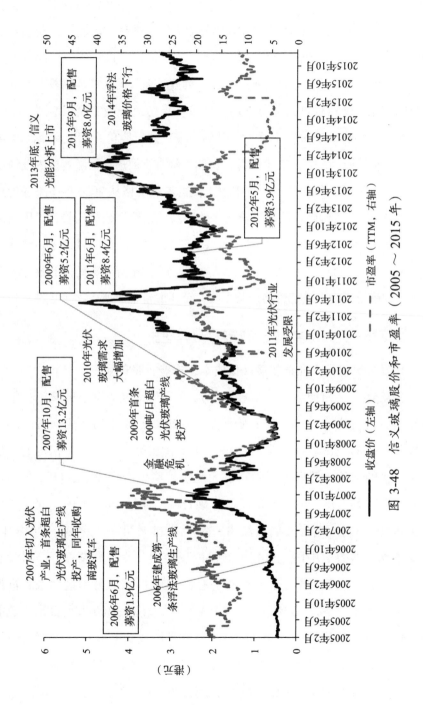

图 3-48 信义玻璃股价和市盈率（2005～2015 年）

（2）2016年之后的表现　2016年开始央行降准释放流动性，受益于房地产需求支撑，浮法玻璃价格开始上涨。2017年行业供给侧结构性改革力度加大，公司首个海外生产基地——马来西亚工业园的生产线的投产及国内产能的扩张，使股价进入上行通道。2019年，房地产竣工面积增加，支撑玻璃需求，浮法玻璃价格于下半年开始上涨，公司股价开始上升。2020年初，由于疫情原因，下游需求降低，玻璃均价有所回落，但随着国内疫情趋缓，建筑工程开始集中赶工，集中竣工使得玻璃价格从2020年一路涨价至2021年10月，股价随浮法玻璃价格一路高涨，这期间公司还收购了民营玻璃巨头华尔润，进一步扩大公司浮法玻璃产能。2021年11月以来，浮法玻璃价格回调，2022年初由于房地产产业链、资金链仍未恢复，下游开工率不足叠加疫情影响，玻璃价格持续下降，公司股价也有所下跌（见图3-49）。

福莱特：先发优势规模优势铸造经营壁垒

1. 发展历程：产业链拓展降低成本，产能扩张迅猛

福莱特成立初期主要从事玻璃深加工，产品包括镀银玻璃镜、钢化玻璃、夹层玻璃等，2006年开始涉足光伏玻璃，并于当年成功研发出符合国际标准的光伏玻璃并量产，2007年销售额突破5亿元，相比上年实现了5倍的增长。此后公司不断扩大光伏玻璃生产规模。2011年公司锁定安徽凤阳县石英岩矿7号矿段的矿砂资源，储量1800万吨，同年销售额突破20亿元，光伏玻璃市场占有率世界排名第一。2013～2016年，由于美国、欧盟对中国光伏相关产品的反倾销、反补贴调查，公司没有选择扩张光伏玻璃产能（信义玻璃仍有扩张），并从海外引进两条先进的LOW-E玻璃生产线，全年可生产LOW-E大板玻璃1200万平方米、节能中空玻璃200万平方米。公司于2015年在港股成功上市，开辟融资渠道，为后续产能扩张夯实基础。2015～2021年公司收入、归母净利润同比分别增长了2倍和4倍，年复合增速分别达16.9%和25.6%。

第 3 章｜周期建材：规模成本制胜，供给改革新周期　169

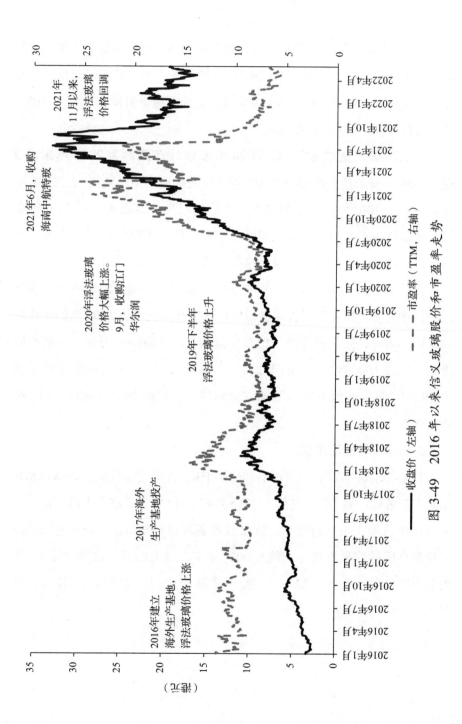

图 3-49　2016 年以来信义玻璃股价和市盈率走势

产业链拓展方面，公司向前拓展至采矿环节，进一步强化了成本控制能力。2011年，公司获得安徽凤阳县1800万吨石英岩矿区采矿权，2022公司又收购了三力矿业和大华东方矿业，目前石英砂自供率70%～80%，且自供石英砂较外采便宜约20%。

光伏玻璃产能扩张迅猛，2024年末累计产能约为2021年末的3倍。 2006年福莱特上海第一条100吨/日光伏玻璃生产线点火，2008年嘉兴第一条300吨/日（一窑二线）光伏玻璃生产线点火。到2010年嘉兴光伏玻璃生产基地建成，公司光伏玻璃产能达1290吨/日，全球市场占有率超过20%，在国内、国外均位居第一。截至2021年底，公司国内产能合计为10 200吨/日，此外安徽生产基地的三期和四期项目已在建设中，并且公司拟在江苏省南通市建设四座日熔化量为1200吨的光伏玻璃窑炉。国外产能拓展方面，2020年越南一线1000吨/日光伏玻璃产能投产，二线1000吨/日产能于2021年投产，2021年末公司产能已达到12 200吨/日。而到2024年末总产能将继续扩张到2021年末的3倍（见图3-50）。

2. 资本市场表现复盘

福莱特玻璃（H股上市代码：06865.HK。A股上市代码：601865.SH。A股上市名称：福莱特）先后于2015年和2019年在香港及上海上市，由于公司在H股上市时间更早，故以H股表现进行复盘。公司是港股市场表现最亮眼的明星股之一，截至2021年末，以上市日开盘价计算，7年内公司股价累计上涨了22倍（年复合涨幅55.4%），按照期间最高价计算则累计上涨了25倍。

第 3 章 | 周期建材：规模成本制胜，供给改革新周期 171

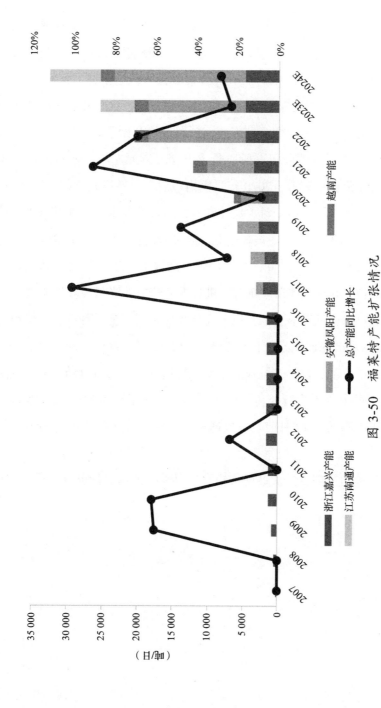

图 3-50 福莱特产能扩张情况

资料来源：公司公告。

公司于2015年在港交所上市，至2017年，公司无新产能释放，股价相对平稳。2017年底，光伏玻璃供需趋紧，价格有所上升，行业景气度上升，公司安徽凤阳一线窑炉点火，公司股价阶段性上涨。2018年第一季度股价上涨至2.9港元左右，5月31日光伏新政出台，加快光伏补贴退坡速度，光伏行业发展短期受到影响，公司股价开始下跌。2019年2月，公司在内地上市，带动公司港股股价上升至4港元左右，随着公司逐步扩产，公司股价稳中有升。2020年是国内最后一个新增光伏的补贴年份，市场迎来抢装潮，同时由于对大尺寸和双面组件的需求占比提升，光伏玻璃阶段性供需错配，股价随玻璃价格上涨而大幅上涨，一路攀升至35.9港元，动态市盈率一度超60倍，实现戴维斯双击。2021年初光伏玻璃价格仍处于高位，1~2月光伏新增装机数据公布后，光伏板块迎来整体上涨，随着硅料价格的明显上涨，以及光伏玻璃新增产能的释放，光伏玻璃价格于3、4月迅速回调且低位徘徊至8月，公司股价也一同回落。2021年8月末起部分项目招标，行业需求阶段性增加，公司股价随行业景气度好转上涨，下半年本为行业传统旺季，但由于多晶硅价格高企，10月开始下游开工率降低且12月前装机数据较差，公司股价跟随板块一同调整。2022年第一季度，装机淡季不淡，股价呈"V"形走势，同年4月至5月随欧洲装机超预期，光伏玻璃价格有所反弹，公司股价也有所反应（见图3-51）。

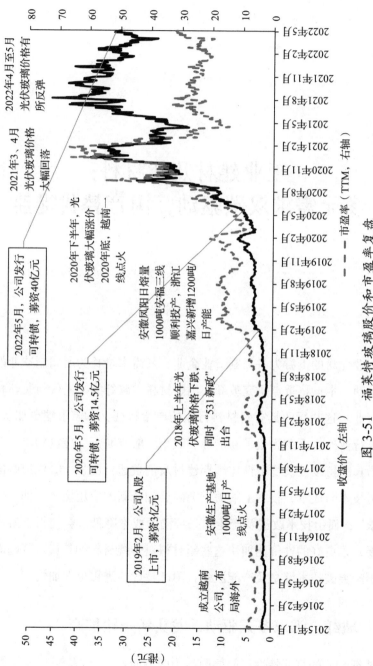

图 3-51 福莱特玻璃股价和市盈率复盘

| 第4章 |

工业建材及新材料：
多元需求双碳驱动，国产替代提速

工业建材的下游为各类制造业企业，其需求增长为所属制造业的资本开支驱动。本章将重点研究玻纤、绝热材料、碳纤维、光伏封装新材料四个子行业。这些行业具有新材料行业的典型特征：①需求端更加多元化，除建筑行业外，下游涵盖了新能源、汽车、航空航天、冷链物流等多个领域，增长的持续性及稳定性比周期建材及消费建材更强。②供给端的核心要素是技术与成本，技术上的关键突破会创造新的应用场景，即"供给创造需求"；而由技术改进及产能扩张带动的成本降低，会使得下游应用不断扩展，以更好的性价比加快这些新材料对传统材料的替代。③随着中国企业不断突破技术壁垒及产能瓶颈，国产替代的进程也在加快。

4.1 玻纤：需求多元驱动，龙头新一轮扩产

玻纤行业的行业特性可简要归纳为两方面：

1)生产线投资强度高,生产较为刚性,供给端已形成寡头垄断格局。玻纤行业资产属性较重,据中国玻璃纤维工业协会数据,新建1万吨产能通常投资约1亿元,且玻纤生产线开窑后,需要连续生产8~10年,中途难以降低负荷调节产量(因非正常停窑会产生显著额外成本),因而玻纤供给较为刚性。全球及中国玻纤供给端寡头垄断格局已基本形成。

2)玻纤是一种应用比较广泛的新材料,具有性价比驱动需求增长的典型特征。优异性能(高端替代需求增加)叠加成本稳步降低(中低端应用需求增加),使玻纤在下游领域覆盖面广且稳步拓宽。玻纤多方面的优异性能决定了在大部分领域都可找到其应用场景,同时玻纤生产技术的进步及窑炉大型化驱动玻纤生产成本趋势性下降(如不考虑产品结构升级的情况,中国巨石2001~2021年玻纤纱及其制品生产成本平均每年下降2%~3%),玻纤作为很多传统材料的替代材料优势逐步显现,应用领域仍在持续扩大,其需求增长有较好的持续性。

4.1.1 市场需求:性价比驱动多元化需求

由于玻纤生产具有刚性特征,产量大致可以反映行业在产产能变化情况。2000~2021年中国玻纤产量由22万吨提升至624万吨,年复合增速为17.2%。中国目前已经是全球第一大玻纤生产国及消费国。

玻纤的下游应用领域在持续扩大,多元化应用领域共同驱动行业需求增长。据中国巨石公告数据,2021年全球玻纤下游应用前三大领域为建筑建材、电子电器、交通运输,占比分别为34%、21%、16%,其他领域分别为管罐(占比12%)、工业应用(占比10%)、新能源环保(占比7%)等。国内方面,泰山玻纤产品结构较为多元,其产品下游应用情况能较好地代表中国玻纤产品消费结构。2015~2020年的平均数据来看,中国玻纤需求三大领域为建筑材料、电子电器、交通运输,占比分别为26%、

22%、20%，2021年陆上风电抢装致风电纱需求占比提升至27%。玻纤制品种类以数万计，在各领域均有丰富应用场景并持续拓展（见表4-1）。

表4-1 玻纤产品主要下游应用情况简介

应用领域	适用特点	具体应用
建筑材料	玻纤复合材料具有强度高、重量轻、耐老化、阻燃性能好、隔音隔热等诸多特点，被广泛用于建筑行业	增强混凝土、复合材料墙体、保温纱窗与装饰、FRP钢筋、卫浴、游泳池、顶棚、采光板、FRP瓦、门窗
交通运输	玻纤产品在韧性、耐腐蚀性、耐磨性及耐高温性等方面，与传统材料相比具有明显的优势，且能满足运输工具对质轻高强的要求，因此在交通运输领域的应用越来越广	汽车车身、汽车座椅、汽车零部件、高铁车身及结构、船体结构、土工格栅
电子电器	玻纤产品具有电绝缘性、防腐蚀性、隔热、重量轻等诸多特点，在电子电器行业颇受欢迎	印刷电路板、电器罩壳、电器开关盒、绝缘子、绝缘工具、家用电器外壳、电子配件
环保风电	玻纤具有保温、绝热、增强效果好、重量轻等特点，其本身也是环保工程中的一种重要材料	制造玻璃钢风电叶片和机组罩、空调排风扇、废气处理

资料来源：山东玻纤招股说明书。

玻纤需求增速与宏观经济增速有较好的正相关关系，中国近年玻纤需求增速与GDP增速比例明显高于全球。玻纤产品应用场景广的特征决定了其需求量与宏观经济表现密切相关，与表示宏观经济运行的多个指标存在较好的线性关系，玻纤需求增速一般为该国GDP增速的1.5~2.0倍。以全球和中国GDP分别与玻纤需求增速进行拟合，可以发现2006~2019年全球玻纤需求增速与GDP增速、工业增加值增速均有较好的线性关系，其中全球玻纤需求增速约为GDP增速1.8倍，为工业增加值增速1.7倍。2018~2022年中国玻纤需求增速基本维持在GDP增速的2倍左右（2019~2021年中国玻纤需求表观消费量增速分别为18.5%、8.8%、14.0%，分别为同期GDP增速的3.1倍、4.0倍、1.7倍），明显好于全球平均水平。

中国玻纤需求增长更快主要因为：①中国玻纤发展历史相对较短，中国大规模生产并推广玻纤的时间点为2000年左右，而美国等成熟市场玻纤大规模应用早于1980年，中国部分领域玻纤渗透率提升速度明显高于成熟市场；②经济结构差异，如对玻纤需求高的建筑业，中国建筑业增加值占GDP比例约9%，而美国为约4%。此外，中国风电装机量景气度高、新能源汽车渗透加快也拉动相关领域玻纤需求量上涨。

预计中国玻纤需求增速与GDP增速比例短期将维持在较高水平，2023年中国玻纤消费量增速中性估计为12.5%，原因如下：①中国人均玻纤年消费量与发达国家人均玻纤年消费量仍有较大差距；②在玻纤应用主要领域如建筑、汽车等，中国玻纤渗透率远低于发达国家水平，且玻纤作为新型材料受政策支持得以更快推广。中长期看，中国玻纤市场有望逐步向成熟市场靠拢。中性情境假设下预计2023年中国玻纤需求增速是GDP增速的2.4倍，对应玻纤需求量为575.4万吨（见表4-2）。

表4-2 结合宏观经济指标预测2023年中国玻纤表观需求

	2018年	2019年	2020年	2021年	2022年	2023年 悲观	2023年 中性	2023年 乐观
中国玻纤需求增速/GDP增速	2.4	3.1	4.0	1.3	2.8	2.0	2.4	2.8
中国玻纤需求增速（%）	15.9	18.5	8.8	11.3	8.5	10.4	12.5	14.6
中国玻纤表观需求量（万吨）	328.2	389.0	423.4	471.3	511.6	564.8	575.4	586.1
中国GDP增速（不变价，%）	6.7	6.0	2.2	8.4	3.0		5.2	

注：中国GDP增速预测综合考虑中国经济增长目标及IMF数据。

资料来源：中国玻璃纤维工业协会、IMF、Wind、中国政府网。

从下游主要细分行业来看，玻纤现阶段主要应用领域均存在渗透率提升空间及动力，其中风电、汽车提升空间更大。持续向好的政策环境叠加成本稳步下降，我们对中长期风电需求保持乐观，风电纱需求亦值得期待。新能源汽车渗透率提升或有延续性，汽车消费逐步回暖，汽车领域玻纤纱需求或延续较快增长节奏。

1）建筑领域。玻纤的性能优势使其渗透率有逐步提升动力，受益于绿色建筑、建筑工业化两大行业趋势，高性能玻纤增强材料应用前景向好。

2）电子电器领域。玻纤短期受益于5G市场逐步释放、数据中心大规模建设带来的服务器需求放量，无人驾驶、AI应用等长期趋势为印刷电路板（PCB）长期需求提供坚实支撑。

3）交通运输领域。短期汽车行业逐步进入复苏周期，汽车轻量化及新能源渗透率提升或为长期趋势，或驱动单车玻纤消费量稳步提升。

4）清洁能源替代。清洁能源替代为中国能源行业未来中长期发展趋势，风电成本仍有下降空间，政策支持料将保持强度，我们对平价时代风电行业发展前景较为乐观。

玻纤出口自2021年以来量价齐升，全球产能继续向中国转移，继续看好后续出口需求增长。玻纤纱及其制品在2021年总体呈量价齐升的局面，且有较好持续性，反映出海外对于我国玻纤的强劲需求。海外强劲需求主要源于：①海外天然气成本上涨更快削弱企业盈利能力及前景，部分企业基于发展战略考量聚焦技术附加值更高的制品及复合材料等，部分海外产能关闭，全球玻纤产能持续向国内转移；②海外新能源汽车、风电等产业发展亦较快，支撑海外玻纤产品需求增长。

4.1.2 寡头格局稳固，龙头产能扩张规划较大

全球及国内玻纤供给端寡头垄断格局已基本形成。从全球玻纤产能来

看，截至2019年末，CR6占全球玻纤总产能比例超70%。2021年末中国CR3产能占全国总产能比例超60%，CR6占全国总产能比例约75%（见图4-1和图4-2）。同时，行业进入门槛在提高，预计未来供给格局有较好的稳定性：①玻纤行业的重资产特征导致新进入者较少，且单位投资有提升趋势，建设1万吨玻纤纱产能需投资超1亿元；②玻纤生产有一定技术壁垒，池窑大型化趋势及高性能玻纤应用趋于广泛，导致技术工艺趋于精细化及复杂化。

玻纤行业供给端正在发生的变化可以归纳为以下几方面：

1）中国玻纤行业近10年在产产能翻倍式提升，截至2021年末行业在产产能已提升至620万吨/年。国内行业排名前五的龙头公司产能规划较大，市占率有望进一步提升。据不完全统计及预测，从2021年末到2025年末行业排名前五的玻纤企业产能仍会有较大扩张，年复合增速约12%（见图4-3）。

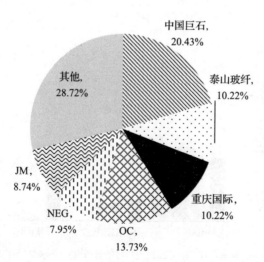

图4-1 全球玻纤供给端市场格局

注：OC是指美国欧文斯科宁，NEG是指日本电气硝子，JM是指美国Johns Manville公司，数据截至2019年末，以在产产能计算。由于四舍五入的原因，最终总计不一定等于100%。

资料来源：Wind、BloomBerg。

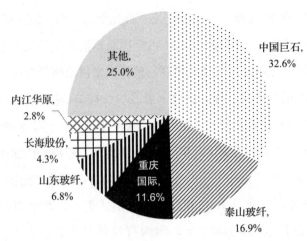

图 4-2　我国玻纤供给端市场格局

注：数据截至 2021 年末，以在产产能计算。
资料来源：卓创资讯。

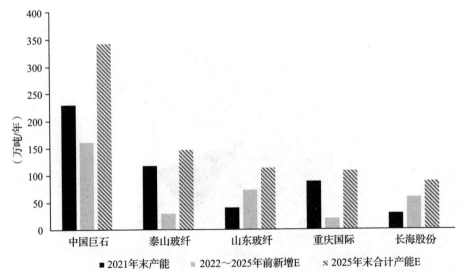

图 4-3　2025 年末玻纤企业产能扩张预测

注：2021 年末产能中，部分企业为预测值。
资料来源：各公司公告、重庆国际招股说明书（申报稿）。

2）玻纤新增产能落地增加政策扰动变量，亦有助于进一步优化供给格局。我国从"十一五"开始重视约束单位 GDP 能耗，玻纤生产过程消耗较多能源，其成本结构中，能源动力占比约为 20%，池窑工艺吨纱直接综合能耗不超过 0.5 吨标准煤。主要企业通过池窑大型化、精细化工艺流程等稳步降低单位能耗。2021 年以来各地因为能耗"双控"，基本暂停了玻纤池窑项目的审批，广东和江苏等地甚至将玻纤行业纳入"两高"目录进行管控。一方面行业龙头，如中国巨石等企业，产线能耗水平有优势，是其成本优势的重要来源，且行业龙头获取新增产品指标有优势，有助于行业格局进一步优化；另一方面，玻纤下游聚焦风电叶片生产、汽车轻量化、建筑节能等新兴及政策导向领域，其属性为具备替代性的新兴材料，同时其单位产值能耗绝对值并不高，新增产能全面限制或为小概率事件，但政策因素或会对新产能投放节奏产生一定扰动。

3）行业协会在"十四五"期间重点引导产能有序扩张，思路较"十三五"有所转变。2021 年初中国玻璃纤维工业协会发布《玻璃纤维行业"十四五"发展规划（征求意见稿）》（下文简称玻纤"十四五"规划意见稿），明确将严控玻纤纱产能过快增长，着力提升行业生产线技术水平并淘汰落后产能。在行业五年规划层面首提供给侧结构性改革，行业产能有序扩张，或有助于推动行业进入平稳高质量发展的新局面。

2022 年全国玻纤池窑产能规模达 83 万吨，2022 年末全国玻纤纱总产量达到 687 万吨，同比增长 10.2%。预计 2023 年玻纤供给端新增产能平稳增长，全年新点火玻纤产能约 80 万吨。

4.1.3 财报解读：成本、产能及研发构筑中国巨石核心竞争力

玻纤行业企业核心竞争力主要体现在三方面：①成本管控能力；②产能扩张能力及执行力；③研发能力。本节以行业龙头公司中国巨石为例，

从财务指标探讨其核心竞争力。

优异的成本管控能力是核心竞争要素

中国巨石在两轮降本周期中均领先行业其他企业。生产成本控制能力是玻纤产品制造企业最关键的核心竞争力之一。领先竞争对手的成本管控能力一方面支撑公司更快地积累资本用于持续迭代及扩产投资等，另一方面在行业景气度底部区域仍可使公司维持一定盈利能力，并把握行业出清的机遇提升市场份额。玻纤的生产成本主要为直接材料（玻璃原料及辅料）成本、人工成本、能源动力成本。中国玻纤行业规模壮大与玻纤纱单吨生产成本降低相辅相成，一方面生产成本下降使作为替代材料的玻纤制品及其复合材料在多领域的应用性价比明显提升，另一方面率先实现生产成本下降的玻纤纱生产企业具备更强的盈利能力及抵御行业景气度波动的能力，这是企业最重要的核心竞争力之一。玻纤行业中，中国巨石无疑是成本管控的佼佼者，第二梯队包括泰山玻纤、长海股份、山东玻纤等。据卓创资讯数据，2020年中国巨石低端玻纤纱单吨生产成本已经到达2500元左右，较第二梯队低300～500元。

持续降低单位能源消耗、提升管理水平及生产效率为中国巨石建立并巩固成本优势的密钥。历史上，中国主要玻纤企业经历了两轮降本周期。第一轮（2012年之前）降本周期主线为池窑大型化，规模效应带动生产成本下降（人力及折旧成本降低），第二轮降本周期主线为冷修技改带来的生产工艺提升（能耗降低等）。在两轮降本周期中中国巨石均领先行业其他企业。降本主要围绕两方面做工作：①通过应用更先进的燃料燃烧技术（新建及冷修）及提升池窑单线规模降低产品单耗，从结果上看，中国巨石玻纤池窑单线平均规模较行业主要竞争对手有明显优势，且单吨玻纤能源消耗量持续降低；②持续优化生产线管理水平，降低人工成本，提高生产效率，通过提升智能化水平，持续优化产线设计，严格并持续提升日常管理水平等，中国巨石人均产值数据总体呈持续上升趋势，且较主要竞争对手有优势。

成本持续优化仍为行业变革的主旋律之一，同时多领域玻纤增强复合材料渗透率的提升也客观要求玻纤生产成本持续优化以持续提升性价比。降本的主要途径包括正在开启的第二轮冷修技改及持续提升工厂智能化水平。中国巨石仍然在引领行业，其在玻纤生产成本方面优势地位的稳固性依然较强。

产能扩张能力及执行力亦至关重要

产能规模优势是成本优势的重要来源，伴随行业成长，中国巨石产能扩张保持高强度，产能规模领先优势逐步扩大并跃居全球首位。产能落地的执行力则更多取决于管理层发展思路及践行力，亦取决于包括财务在内的企业各方面支持。从结果上看，中国巨石产能扩张得更坚决，2003年末中国巨石在产产能为14万吨/年，2022年末在产产能已到达208万吨/年，位居全球第一，这体现的是公司经营决策层对于行业前景的笃定及心无旁骛地聚焦玻纤产业做大做强。从行业主要企业在建工程来看，公司扩产节奏仍然保持高强度。

坚决的管理层、金融资源运用及强劲的自我造血能力支撑公司产能持续扩张并强化行业龙头地位。玻纤行业的重资产特征意味着持续新增产能需要匹配足够的资本开支能力，需要企业拥有畅通的融资渠道、较强的资产负债表扩张能力及相应强劲的自由现金流生产能力。相对激进的产能扩张使中国巨石在前期背负较高的负债，体现为2015年以前中国巨石的资产负债率、带息负债比率均高于竞争对手，同时财务费用率亦持续高于10%，显示出了公司经营决策层对于产能扩张的执着与坚定。但中国巨石对带息负债的期限管理（长短搭配）及借贷的成本管理较为优秀，体现了公司较擅长利用银行等金融机构资源及央企控股股东优势。此外，自身造血能力亦是企业持续扩产的重要支撑，从自由现金流及净利润现金含量两个指标观测，行业特征（现款现货为主，同时占用下游一定预付款）及公司建立的全球第一的产能规模带来的行业地位，使公司经营活动现金净流入较为充沛（如 2010～2017 年公司净利润现金含量均超 200%），持续优化公司资产负债表，同时为进一步的资本开支提供坚实支撑。

研发投入高强度，巩固并强化中国巨石龙头地位

中国巨石研发投入规模使其具有明显优势，一方面夯实强化了成本优势，另一方面技术和新产品储备为公司成长的持续性奠定较好基础。 相较研发费用率，制造业企业研发投入规模或更重要。中国巨石历史上研发费用率大体稳定于 3% 上下，在行业平均水平。因其明显的规模优势，中国巨石的研发投入规模明显大于竞争对手，效果亦较为明显。一方面，前文阐述的明显的成本优势部分源于持续的高强度研发投入；另一方面，公司玻纤纱产品性能处于行业前列，如公司超高模量玻纤 E8 系列模量超越 S 玻纤，同时拥有更优的抗疲劳性能，是全球首款实现池窑化量产和规模化工业应用的超高模量碳纤维，E9 系列模量超过 100GPa，是行业内全新高度的模量水平及行业里程碑式的技术突破，为玻纤复合材料在高端应用领域的拓展提供了更大空间。

4.1.4 龙头复盘：中国巨石产能扩张及资本市场表现

发展历程：持续扩产能、降成本，从中国走向世界的全球玻纤龙头

中国巨石的产品以玻纤纱为主，2021 年公司销售粗纱及其制品 235 万吨，销售电子布 4.4 亿米，玻纤纱生产能力居全球第一，在浙江桐乡、江西九江、四川成都、美国南卡罗来纳州及埃及有 5 个生产基地。公司自

1972年涉足玻纤行业，创始人张毓强在浙江省桐乡市石门镇成立中国巨石的前身东风布厂。1993年巨石玻璃纤维股份有限公司正式成立，随后逐步由石门小镇走向世界舞台。其发展大致经历了如下三个阶段：

第一阶段：1999～2008年，公司上市后开始高速扩张。1999年公司与中国建材集团进行混改，将资产注入中国化建，与另外三家建材公司打包上市，由中国建材控股，成为国内首家上市玻纤企业。借助资本市场的力量与央企股东背景，公司持续扩充资金支持自身产能规模扩张，进入发展快车道。2002年中国化建剥离非玻纤资产，聚焦玻纤主业。2008年公司产能超过欧文斯科宁，成为世界玻纤产能最大的企业。

第二阶段：2009～2013年，公司调整产能布局，在开拓国内市场的同时，在海外布局实现"以外供外"。在2008年国内大兴基建的背景下，公司玻纤的下游应用主要为建筑建材，高端产品占比较低，2009年受国际金融危机及"双反"附加关税影响，玻纤价格下挫，行业经营承压。2009年公司开启国际化进程，从"以内供外"逐步向"以外供外"转变。2013年中国巨石的埃及玻纤生产基地正式投产（二期、三期和四期分别于2016年、2017年和2022年投产）。

第三阶段：2014年至今，公司持续降成本、扩产能、高端化发展，核心竞争力持续强化。2014年以来行业供给基本稳固，行业进入门槛明显提升，进入差异化发展期。公司一方面保持扩产强度，另一方面逐步开启智能制造进程，创新应用大池窑技术、智能制造技术、绿色制造技术，持续提升生产效率。此外公司产品结构亦逐步开启高端化进程，2014年公司E7高性能玻纤实现量产，2016年推出E9高模量玻纤，2021年E9超高模量玻纤实现池窑化量产化。此外公司电子纱和电子布产能亦快速扩张，电子布产能规模现已提升至全球第一。中国巨石带领我国玻纤产业逐步实现风电纱、热塑纱、电子纱和电子布的有效国产替代，持续强化我国玻纤产业竞争力。

资本市场表现复盘

历史上的玻纤行业有较明显的周期属性，中国巨石的资本市场表现有较明显的"周期成长"特征。公司于1999年在上交所上市，截至2021年末，以上市日开盘价计算，公司股价累计上涨了61倍（年复合涨幅19.6%），以最高股价计算则累计上涨了80倍。自上市以来公司股价大体经历过五轮较大的行情：①2005年至2008年金融危机后；②2009年底至2011年中；③2014年下半年至2016年底；④2017年中至2018年下半年；⑤2020年下半年至2022年上半年（见图4-4和图4-5）。

玻纤纱价格波动周期与公司股价波动周期基本吻合。玻纤行业上一轮涨价始于2017年第四季度，持续至2018年第三季度，价格自2018年第四季度开始下滑，主要由于行业产能于2018年第四季度集中释放，2019年产能已出现过剩，同时玻纤需求已阶段性有小幅波折（中美贸易摩擦、汽车和基建行业景气度边际回落等）。2019年行业下行至周期底部位置，公司股价亦到达阶段性底部。2019年10月玻纤纱价格基本企稳，下游需求在2019年下半年逐步回暖。2019年末部分库存较低的企业已开始调涨价格，2020年疫情放缓本轮玻纤行业景气度上行节奏。2020年9月初，行业迎来涨价潮，相较2017年中至2018年下半年的这一轮价格上行周期，此轮周期供给端的产能投放明显减少，需求端受益于全球疫后经济复苏，2020年下半年以后基建、风电、汽车等领域需求加快修复，行业景气度提升至较高水平，且高景气度的状态持续至今。在玻纤行业新增供给释放更有序的背景下（能耗指标约束，进入门槛持续提升，行业协会"十四五"开始重视倡导新增供给有序投放），预计需求亦有较好的成长性，我们预计后续玻纤行业周期属性或边际弱化，公司股价周期波动或亦相应减弱。

第4章 | 工业建材及新材料：多元需求双碳驱动，国产替代提速 187

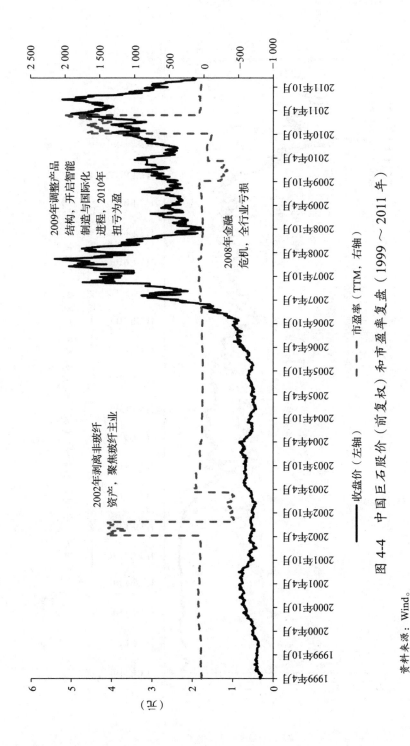

图4-4 中国巨石股价（前复权）和市盈率复盘（1999~2011年）

资料来源：Wind。

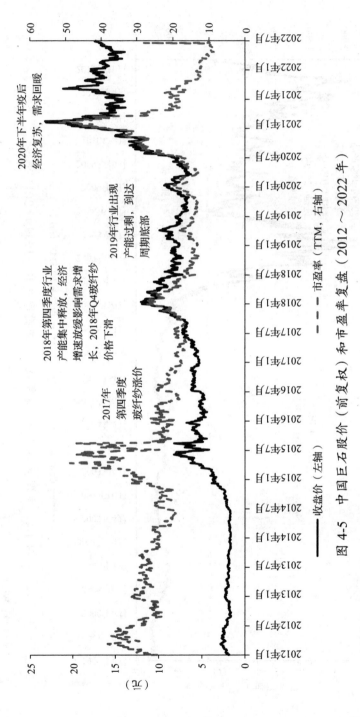

图 4-5 中国巨石股价（前复权）和市盈率复盘（2012～2022 年）

资料来源：Wind。

4.2 绝热材料：新国标及"双碳"驱动需求扩容

4.2.1 建筑绝热：新国标推动保温材料需求扩容

国家住建部《"十四五"建筑节能与绿色建筑发展规划》明确"十四五"期间计划完成既有建筑节能改造面积3.5亿平方米以上（"十三五"完成7.0亿平方米），同步推进既有居住建筑、公共建筑节能改造（"十四五"规划分别完成节能改造1亿平方米以上、2.5亿平方米以上，"十三五"分别完成5.1亿平方米、1.9亿平方米），同时重点推广超低能耗建筑推广工程，"十四五"建设超低能耗、近零能耗建筑示范项目0.5亿平方米以上。

建筑绝热保温材料是节能建筑的关键材料，近年外墙保温材料市场规模占整体建筑节能材料市场规模超90%。建筑节能工作主要围绕"提高围护结构的保温隔热性能"和"提高供热制冷系统的能效"两个方面展开。**建筑保温材料市场中聚苯乙烯类材料占据主导地位，新型材料开始崭露头角**。在建筑领域的应用中，保温材料通过加工形成保温板材、保温砂浆、管壳、棉毡、保温装饰板等制品，进而构成围护结构保温层、风管衬里等。其中，建筑外墙保温所用材料最具代表性，包括岩矿棉、玻璃棉等无机材料，聚苯乙烯、聚氨酯硬泡等有机材料及多种复合材料。总体而言，聚苯乙烯类材料占据我国建筑节能保温材料市场主导地位。近年随着节能率、防火性要求的提升，预计无机类及复合类材料等新型材料将开始崭露头角。

节能要求及阻燃性能要求稳步提升，契合"双碳"目标推进，综合性能有优势的材料享受更广阔的发展机遇。住建部分别于2018年和2019年发布《严寒和寒冷地区居住建筑节能设计标准》（JGJ 26—2018）和《近零能耗建筑技术标准》（GB/T 51350—2019），在我国前期新建筑节能率实现30%、50%、65%三步式跨越发展的基础上，推动严寒和寒冷地区居住建筑执行75%的节能标准，并大力推进近零能耗建筑发展，建筑保温材料阻燃性能得到越来越多的重视。2022年3月住建部印发《"十四五"建筑节能与绿色建筑发展规划》，指引行业进一步的发展方向，继续提高新建建筑节能水平，加强既有建筑节能绿色改造。在"双碳"目标大力推进背景下，我国建筑节能保温材料市场或延续较好成长性，同时综合性能更优（热导率低、综合节能效果更优、阻燃性级别高）的建筑保温材料（如复合改性的保温装饰板、岩棉为代表的无机材料）享受更广阔的发展机遇。

4.2.2 工业绝热：减碳驱动陶瓷纤维及气凝胶等应用提速

工业节能绝热保温材料主要用于管道保温及工业设备保温、耐火隔热。传统工业设备及管道绝热保温材料有岩棉、玻璃棉、陶瓷纤维、聚氨酯、橡塑等，新型材料如硅酸盐、气凝胶复合材料亦显示出较好应用前景（见表4-3）。聚氨酯硬质泡沫导热系数低，成型工艺简单，但不耐高温，使用温度最高约120℃，主要用于热力管道、油气管道、液化天然气管道、给排水管道保温。橡塑呈闭泡式结构，具有较强的防水汽渗透性能，是建筑给水系统管道保温的常用材料。岩棉、玻璃棉、陶瓷纤维等材料具有较好的耐高温性能，用于环境温度较高的热力管道、工业管道与工业设备绝热工程。新型的绝热材料如硅酸盐复合材料（如纤维增强氧化基复合材料）、气凝胶复合材料（如纤维增强纳米孔气凝胶隔热复合材料），因更优的综合性能（导热系数低，同时耐高温及高强度），在一些特定场景（如飞行器热防护系统、高温工业领域）亦有较大需求，随着材料生产逐步成熟，需求前景值得期待。

表 4-3 新型工业绝热保温材料特点概况

材料	特点
陶瓷纤维（硅酸铝纤维）	重量轻、耐高温（最高使用温度可达 1 400℃）、热稳定性更好、导热率低；下游应用广泛，主要下游包括石化、冶金、建材、电力、交通等领域，我国发展应用历史约 30 年；热加工工业和热处理工业（工业窑炉、热处理设备及其他热工设备）占陶瓷纤维下游消费量比例约 40%，因其更优的绝热效果，应用陶瓷纤维解决方案可较传统隔热砖与浇注料实现节能 10%～30%
纤维增强隔热复合材料	**强度高、韧性好、耐高温、抗氧化，同时热导率较低是核心特征**
纤维增强 SiO_2 陶瓷基复合材料	SiO_2 是陶瓷基复合材料常用的基体材料，强度较高、耐温性较好；同时，材料的孔隙率较低，组织较为致密，热导率相对较高。通常使用溶胶凝胶法实现纤维增强（包括氮化硅纤维、氧化物纤维、莫来石纤维、石英纤维等）
纤维增强 ZrO_2 陶瓷基复合材料	ZrO_2 具有更优的化学稳定性和热稳定性，常用作隔热复合材料的基体材料，在耐高温、低热导率方面具有更多优势；但孔隙率增加材料强度会呈指数性降低，较低的孔隙率则会产生较高的热导率，需要权衡复合材料烧结温度。现有方式为通过真空压力浸渍工艺引入纤维（如莫来石纤维），并进行高温烧结
纤维多孔陶瓷工艺材料	以常用的陶瓷纤维为基体，在陶瓷纤维交叉连接点用无机高温黏结剂将其连接起来的一种新型多孔网络结构材料。有多种制备工艺，工艺对材料性能有显著影响
凝胶注模工艺	坯体为高温黏结剂，耐温性较好、密度较高、孔隙率相对较低，纤维基体之间连接紧密，连接强度更高，因而材料有较好强度。但高密度导致其固体热传导较大，热导率仍进一步降低
真空抽滤成型工艺	先将纤维、黏结剂和溶剂等混合，制备分散均匀的混合浆料，模具中真空泵抽真空成型，之后进行干燥处理。材料耐温性较好，同时拥有更好的孔隙率，热导率有优势，但材料强度有一定劣势
模压成型工艺	先将纤维、黏结剂和溶剂等混合，混合为浆料后注入多孔模具，模压之后进行干燥处理，并进行高温烧结去除有机黏结剂。该方法制备的材料孔隙大小可控，且易于连续生产，耐温性较好
冷冻铸造法	混合好的浆料经过冷冻，介质会形成小冰晶并生长；冷冻完全后，于低温低压的条件下进行干燥处理，冰晶升华得到多孔陶瓷，最终进行高温烧结。该材料常用于制备颗粒多孔陶瓷，孔隙率较高、热导率很低、压缩强度较好

（续）

材料	特点
气凝胶隔热复合材料	气凝胶具有低密度、高孔隙率和高比表面积等特点，是公认的热导率最低的固体材料；但纯气凝胶脆性大、易碎，难以直接应用，通过引入颗粒、碳纳米管、短切纤维、陶瓷纤维进行增强，强度可显著提高
玻璃纤维增强气凝胶	玻璃纤维是常见的增强纤维，可有效提高气凝胶隔热复合材料的力学性能。常见工艺包括超临界干燥工艺、常压干燥工艺。复合材料热导率很低，材料具备一定强度，但耐温性稍差
莫来石纤维增强气凝胶	莫来石纤维耐温性能优，现阶段主要使用超临界干燥工艺制备莫来石纤维增强 SiO_2（或 SiO_2-Al_2O_3）气凝胶复合材料。力学性能较好，高温热导率较低，耐温性可通过引入 Al_2O_3 溶胶进一步提升，压缩强度亦较高
氧化锆纤维增强气凝胶	氧化锆纤维具有耐高温、低热导率、耐氧化、抗腐蚀的特点，通常经过凝胶、老化、超临界干燥制备。但现阶段如何更好发挥出氧化锆纤维超强的耐温性能是研究方向之一
多孔陶瓷骨架增强气凝胶隔热复合材料	相较纤维增强方式，多孔陶瓷骨架增强具有更优的耐温性及更高的强度，但因其骨架较为粗壮，热导率偏高

资料来源：《耐高温、高强度隔热复合材料研究进展》(瑚佩等)、《绝热材料的发展与应用》(郑其俊)。

4.3 碳纤维：需求持续高增长，国产化率不断提升

碳纤维根据产品强度主要可分为两类：①以"两步法+湿纺"为技术路线生产的强度在 T400 级别及以下的大丝束纤维。其优势是在两步法中粉末制备后可储存，按需溶解，原液制备速度快；在湿纺中原液喷出后进入凝固浴，喷丝板压力可以增大，适合大丝束生产。缺点是粉末制备原液过程易产生气泡且湿法纺丝表面沟槽多，目前工艺下强度主要停留在 T400 级。②以"一步法+干喷湿纺"为技术路线生产的高强度的小丝束纤维。其优势是在一步法中反应物与产物均溶于溶剂，气泡产生较少，原液质量高；在干喷湿纺中，原液喷出后经过空气（阻力小），丝

束表面光滑，适合高强度纤维生产。缺点是原液一步制作使反应速度变慢，纺织中阻力小易并纱，目前丝束工艺主要停留在 12K[①]，部分公司可做到 24K。

高模高强（干喷湿纺）及降成本（湿纺）是主要行业趋势。上述两种方法均可生产小丝束，但两种方法目前的技术发展路径并不完全相同，其中干喷湿纺法主要向着高模及高强发展，湿纺法主要通过"提速或提束"降成本，将纤维成本降到最低。目前来看，大丝束凭借低廉的价格正在各个领域逐步渗透：第一种渗透方式是同强度的大丝束正在不断替代小丝束，主要集中于体育器材、建筑补强、电子电气等工业领域，原因是这些领域对于纤维强度要求并不高（T300 级即可），但同等重量的大丝束价格低于小丝束；第二种渗透方式是碳纤维替代其他材料，目前碳纤维广泛使用的领域主要以风电（T300 级）、单晶炉耗材（T700 级）为代表，以及目前未放量的氢气瓶（T700 级）、刹车盘（T700 级）等。

综合来看，多个领域的广泛应用使碳纤维需求具备较强韧性。当前碳纤维下游应用十分广泛，涵盖体育、汽车、风电及航空航天等各个方面。其中小丝束产品较高端，多应用于体育、航空航天、建筑及军工领域，而大丝束产品性价比相对较高，主要应用于轨道交通及风电领域（见表 4-4）。

国内小丝束碳纤维市场参与者主要是中复神鹰、光威复材、中简科技、恒神股份等。其中，中复神鹰和恒神股份主要从事民品碳纤维生产，中复神鹰产品较广，下游应用广泛，且在干喷湿纺碳纤维的技术成熟度方面具有一定优势。

[①] "K"代表碳纤维规格，1K 代表一束碳纤维丝里包含 1000 根丝，依此类推，12K 代表一束碳纤维丝里包含 12 000 根碳纤维丝。

表 4-4　碳纤维主要应用领域及性能要求

应用领域	丝束类型	类比等级	备注
飞机	小丝束/中小丝束	T300/T700/T800	主要运用于机身、机翼、整流罩、地板、地板梁等
军工	小丝束/中小丝束	T300 以上	运用于装备的不同部位
汽车	小丝束/大丝束	T300/T700	主要运用于车身、底盘、保险杠、电池、氢气燃料罐等
风电	大丝束	T300 以上	主要运用于叶片、梁
轨道交通	大丝束	T300 以上	主要运用于车体
建筑	小丝束/大丝束	T300 以上	应用于大型建筑物增加建筑物的强度、耐腐蚀性
体育	小丝束/大丝束	T300 以上	用于高档体育器材

资料来源：吉林碳谷招股书。

国内军品碳纤维主要由光威复材、中简科技、太钢钢科及恒神股份四家作为供给方。 军品和民品具有较大的区别，其主要下游是军方，下游对产品稳定性和供货及时性要求较高，但对价格不敏感。从某生产军品碳纤维的上市公司披露的数据来看，2021 年生产 146 吨，产能利用率仅 36.5%，但售价达 260 万元/吨，远超同期碳纤维均价的 19 万元/吨。

除以上公司外，其他国内碳纤维生产商主要集中于生产大丝束（T300～T500 级）。从扩产情况来看，目前主要集中于大丝束碳纤维产品，小丝束扩产较少。据不完全统计，大丝束碳纤维的产能合计 22.50 万吨/年，小丝束碳纤维的产能约为 6.53 万吨/年。由于风电等大丝束应用下游持续高景气，相关公司扩产计划多，小丝束扩产较少，主要为千吨级，且部分公司宣称的小丝束 T700 级产线在生产中或因性能参数不达标，并不增加 T700 级小丝束的供给（可用于 T300 级纤维对应下游，增加 T300 级供给）。以工艺实现难度来看，实现高模高强的难度亦大于提束，高性能小丝束竞争格局要好于大丝束（见表 4-5）。

表 4-5 国内主要碳纤维生产厂商扩产情况

厂商	项目	产线类型	碳纤维产能（吨/年）	项目情况
东丽	全球碳纤维产线扩张	小丝束	8 000	欧洲增加 1 000 吨，美国实现 T1100G 产能翻番，韩国，美国及法国的产能均有提升
光威复材	万吨级碳纤维及配套原丝	小丝束	10 000	一期 4 000 吨，预计 2023 年下半年投产，二期待定
中复神鹰	西宁年产 1.4 万吨碳纤维及配套原丝，连云港年产 3 万吨碳纤维及配套原丝	小丝束	44 000	西宁 1.4 万吨项目 2023 年上半年投产，其余 3 万吨预计 2025 年投产
中简科技	高性能碳纤维及配套原丝，织物产品	小丝束	1 500（12K 计）	2021 年定增扩产项目，施工期为 4 年
太钢钢科	1 000 吨碳纤维及配套原丝	小丝束	1 000	计划
长盛科技	800 吨碳纤维及配套原丝，万吨级碳纤维及配套原丝	小丝束	10 800	800 吨项目建设中，10 000 吨项目待定
恒神股份	2 万吨高性能碳纤维及配套原丝	通用产线	20 000	拟建，一期产能约 5 000 吨，一期建设周期约 20 个月
吉林化纤	"十四五"末产能为 6 万吨碳纤维，20 万吨原丝	大丝束	60 000	"十四五"期间完成，2023 年预计吉林化纤碳纤维产能 3.5 万吨
上海石化	2.4 万吨原丝，1.2 万吨 48 K 大丝束碳纤维	大丝束	12 000	在建
新创碳谷	1.8 万吨大丝束碳纤维	大丝束	18 000	已完成 1.2 万吨产能建设，其余 6 000 吨在建
兰州蓝星	5 万吨原丝，2.5 万吨大丝束碳纤维	大丝束	25 000	计划 2025 年完成
宝旌碳纤维	6 万吨原丝，3 万吨碳纤维	大丝束	30 000	计划 2025 年完成
新疆隆炬	5 万吨碳纤维碳化	大丝束	50 000	在建
国泰大成	1 万吨碳纤维，2.5 万吨原丝	小丝束及大丝束	10 000	在建，T700 级或在 2023 年底出产（2 000 吨）

资料来源：《2021 全球碳纤维复合材料市场报告》，各公司公告，各公司官网，山东国资资讯公众号。

4.4 光伏封装新材料：BIPV 催生 TCO 及胶膜需求

光伏封装材料处于产业链中游，主要包括光伏玻璃、胶膜、背板和边框，本节将重点探讨光伏玻璃和胶膜。①光伏玻璃是直接用于太阳能光伏发电和太阳能光热发电的系统组件，起到传递和控制光线，或者导出电流的作用，可分为晶体硅和薄膜封装玻璃两大类；②胶膜是光伏组件的关键材料，需要使用它将光伏玻璃、晶硅电池片、光伏背板三者黏结固定，同时它起到保护电池片、隔绝空气的重要作用；③背板处于光伏组件最外层，主要用于抵抗湿热等环境对电池片、EVA 胶膜等材料的侵蚀，起到耐候及绝缘保护的作用，并在一定程度上提升组件的光电转换效率；④边框主要起到固定、密封组件，增强组件强度便于运输和安装等作用，其中铝型材应用最为普遍。

从成本构成看，封装材料占组件成本比重约 27%。其中，铝边框相对其他辅材成本占比最高，单瓦成本占比为 8.5%。胶膜在组件中成本占比为 8.4%。光伏玻璃受重碱和石英砂价格连续上升影响，成本压力逐步显现，在组件制造成本中占比达到 6.8%。背板成本占比相对较低，占整体成本比重的 2.9%（见图 4-6）。

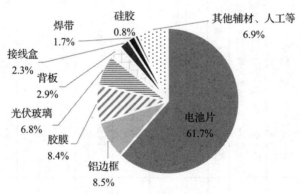

图 4-6　光伏组件成本构成

注：以 545W 单晶单玻组件为例（组件尺寸：2256mm×1133mm×35mm）。
资料来源：光伏盒子。

4.4.1 BIPV 拉动超薄及 TCO 玻璃需求

BIPV：超薄玻璃已应用于主流厂商产品，TCO 需求爆发式增长

光伏封装新材料属于典型的技术进步带动下游需求，其中最重要的驱动力是 BIPV。

趋势之一：光伏玻璃轻量化，1.6mm 玻璃已批量生产

老旧屋顶设计之初不会考虑到光伏组件荷载，1.6mm 双玻较两个 2.0mm 单玻轻 20%，相应的房顶改造费用会降低。从理论上来说，光伏玻璃越薄透光率越高，其光电转化效率也越高。随着组件的大尺寸化、双玻的渗透率提升，组件减重也使得超薄光伏玻璃的需求被打开。

趋势之二：薄膜电池在 BIPV 场景应用催生 TCO 玻璃[⊖]需求

1）薄膜电池透光度可调，能更好地与建筑物匹配。薄膜电池制备多使用在线大面积沉积或溅射工艺，可以通过激光划刻工艺改变光伏组件的透光度，比如 α-Si 薄膜电池产品透光度从 5% 到 75% 可调，可满足建筑物的不同需求。

2）薄膜电池可做成柔性光伏组件，应用于特殊形状的建筑物上。薄膜电池可大面积沉积在玻璃、不锈钢或者塑料基底上，因此可使用柔性基底材料制备光伏组件，从而更方便地集成到弧形屋顶等特殊形状的建筑物上。

3）薄膜电池具备弱光发电性能，温度系数更优。薄膜电池在太阳辐射强度很低时仍具备发电性能，日发电时间高于晶体硅电池。碲化镉薄膜电池在高温下的表现也优于晶体硅电池，在相同功率下发电量更高。

4）薄膜电池耐阴影遮挡效果好。薄膜组件的每个子电池面积相对整个电池较小，且薄膜组件的电流比晶体硅的要小许多，因此薄膜组件在局

⊖ TCO 玻璃是镀有透明导电氧化物薄膜的玻璃。

部有阴影遮挡时受到的影响更小，其环境适应能力更强。

TCO玻璃按照导电氧化物的不同主要分为ITO、FTO和AZO三种（见表4-6）。ITO玻璃是掺杂锡的氧化铟（In_2O_3:Sn）导电玻璃，技术非常成熟，主要使用磁控溅射工艺生产，具有导电性好、透过率高、膜层牢固等特点，现已不再是光伏电池主流的电极玻璃，而主要运用在显示屏、触控面板领域。FTO是掺杂氟的氧化锡（SnO_2:F）导电玻璃，主要使用化学气相沉积法生产，是当下薄膜电池主流的电极材料，具有成本低、激光刻蚀容易、光学性能适宜等优点。AZO是掺杂铝的氧化锌（ZnO:Al）导电玻璃，主要使用磁控溅射工艺生产，但也可以使用化学气相沉积、溶胶凝胶法等工艺进行镀膜，具有透光率高、导电性优、稳定性好等特点，但AZO玻璃也存在膜层偏软、耐潮性差等缺点，现阶段市场空间仍较小。

表4-6 TCO玻璃主要分类

TCO种类	成分	主要应用领域	主要镀膜工艺	优点	缺点
ITO	掺杂锡的氧化铟（In_2O_3:Sn）	显示屏、触控面板	物理气相沉积法（PVD）中的磁控溅射技术	导电性好，透过率高，膜层牢固	光散射能力差，激光刻蚀性能差，稳定性差
FTO	掺杂氟的氧化锡（SnO_2:F）	薄膜电池	化学气相沉积（CVD）	成本低，激光刻蚀容易，光学性能适宜	方阻大，透过率偏低
AZO	掺杂铝的氧化锌（ZnO:Al）	显示屏、薄膜电池	物理气相沉积法（PVD）中的磁控溅射技术	透光率高，导电性优，稳定性好	膜层偏软，耐潮性较差，刻蚀后难以长时间存放

资料来源：《TCO玻璃的应用及制备方法》(刘国龙等)。

根据镀膜工艺是否与玻璃生产线结合，TCO玻璃的生产工艺可分为在线镀膜与离线镀膜，其中在线镀膜优势明显（见表4-7）。在线TCO镀膜玻璃生产工艺主要采用化学气相沉积技术，沉积氧化物是生产工艺的核心技术，膜层厚度、折射率、膜层结构等参数会对产品质量产生重大影响。在线 TCO 镀膜玻璃生产工艺具有工艺设备相对简单，涂层与基体结合强度高，膜层坚硬耐用，强度、耐侵蚀、稳定性等指标好，可以长期储存，可以热弯、夹层、钢化，二次加工性能优良等优点。离线 TCO 镀膜玻璃生产工艺既可采用物理气相沉积法，又可采用化学气相沉积法，但主流方式还是采用物理气相沉积法中的磁控溅射技术，相比于在线镀膜，离线镀膜设备投资高，能耗高，产品耐磨性差，膜层易氧化，存储要求高，镀膜前需要进行清洗等步骤，二次加工性能差。

表 4-7 在线镀膜与离线镀膜工艺对比

工艺分类	工艺介绍	优点	缺点
在线镀膜	在浮法玻璃生产线锡槽的上方安装镀膜设备，通过反应、蒸发将金属氧化物沉积在加热的浮法玻璃表面，工艺温度在 400～700℃	工艺设备相对简单，直接将镀膜原料气体喷射到高温的玻璃表面，沉积产生所需膜层，其膜层坚硬耐用，强度、耐侵蚀、稳定性等指标均大于离线镀膜玻璃，可以长期储存，并且可以热弯、夹层、钢化，属"硬镀膜"产品，二次加工性能优良	会产生有害气体，增加生产成本
离线镀膜	先将超白浮法玻璃进行清洗、预加热，然后使用物理气相沉积法镀膜，最后冷却、刻蚀，完成镀膜	沉积层在真空条件下获得，膜层的纯度高；沉积在真空条件下进行，没有有害气体排出，属于无污染技术；根据用户要求，可方便控制工艺参数；镀膜设备模块化设计，产能调整方便	设备价格较高，产品耐磨性差，膜层易氧化，二次加工性能差，镀膜前需要进行清洗等步骤

资料来源：《在线浮法 TCO 玻璃性能探究》（刘钰）、《TCO 玻璃的应用及制备方法》（刘国龙等）。

2022～2025 年 TCO 玻璃需求年复合增速有望达 73.5%

国内 BIPV 组件需求量：预计到 2025 年将达到 81.8GW，其中薄膜组件需求量为30.9GW，占比37.8%；薄膜光伏玻璃需求量有望达到1.7亿平方米或者140.0万吨，占光伏玻璃需求量的比例将达到7.4%，2022～2025年需求的CAGR有望达73.5%。伴随建筑强制安装太阳能光伏系统的政策出台，BIPV在新建建筑与存量市场都具有广阔的应用空间。

从新增市场来看，通过预测公共建筑（仅建制镇）、农村房屋、厂房仓库三大类新建建筑面积来测算BIPV组件需求空间。根据以下四个方面的假设，预计到2025年国内新增BIPV组件需求量有望达到46.0GW，"十四五"期间需求总量将达到121.3GW。

1）根据中国BIPV联盟的预测，2020年厂房仓库中钢结构和混凝土建筑各占50%，而随着后续建设用地趋于紧张，厂房仓库中的多层混凝土建筑占比可能增加，且混凝土建筑的层数也可能在一定程度上增加。假设2021～2025年厂房仓库竣工面积以每年3%的速度减少，但BIPV的渗透率从2020年的1.5%左右线性增加至2025年的100%。

2）公共建筑采用建制镇的竣工面积，并假设其竣工面积维持稳定增长。不考虑城市住宅，假设农村住宅竣工面积增速为-5%。

3）《关于报送整县（市、区）屋顶分布式光伏开发试点方案的通知》明确规定县（市、区）党政机关建筑，学校、医院、村委会等公共建筑，工商业厂房以及农村居民住宅的屋顶总面积可安装光伏发电比例分别不低于50%、40%、30%和20%。假设到2025年公共建筑面积以及农村住宅面积安装分布式光伏占比分别为35%、10%，到2025年公共建筑和农村住宅BIPV在分布式光伏渗透率分别有望增长至60%和50%；

4）假设公共建筑平均为4层，农村住宅为3.5层。

从存量市场来看，预计到2025年国内存量BIPV组件需求量有望达到35.8GW，"十四五"期间需求总量将达到64.8GW。按照建筑屋面与立面的比例为 2.5 ∶ 3.5 进行计算，则 2025 年国内屋面与立面 BIPV 组件需求量分别有望达到 13.4GW 与 22.4GW，占比分别为 37% 和 63%。主要假设如下：

1）根据中国光伏行业协会的统计，2020 年我国建筑面积存量为 600 亿平方米，其中可安装光伏电池的面积约为 1/6，结合 2021 年我国建筑业房屋竣工面积为 40.83 亿平方米，截至 2021 年末，房屋存量面积约为 640.8 亿平方米。假设 2021～2025 年存量房屋可安装光伏系统的面积占 1/6，同时保守估计 2021～2025 年存量房屋改造比例每年提高 1%，到 2025 年改造比例将达到 5%。

2）受组件成本及已有建筑改造难度限制，加上存量建筑后期加装光伏电池组件的 BAPV 模式更便于快速推广，目前 BIPV 在分布式光伏中的渗透率仍较低。2021 年我国主要光电建筑产品生产企业 BIPV 总装机容量约为 709MW，仅占当年国内分布式光伏装机容量的 4.5%。预计未来受政策及技术因素驱动，BIPV 存量改造市场有望实现快速放量。结合中商产业研究院对 BIPV 在分布式光伏中的渗透率预测，假设 2022 年存量市场中 BIPV 与 BAPV 占比分别为 10% 和 90%，保守假设到 2025 年它们的占比分别为 60% 和 40%。

目前在建筑立面应用领域中，薄膜电池占比约为 56%，晶硅电池占比约为 44%；在建筑屋面应用领域中，晶硅电池占比可以达到 90%，而薄膜电池仅为 10%。据此假设 2021～2025 年屋面薄膜组件渗透率为 10%，立面薄膜组件渗透率为 56%。

综上预计 2022～2025 年国内 BIPV 组件总需求量分别约 17.6GW、31.3GW、59.0GW、87.1GW，其中薄膜组件分别约 6.5GW、11.7GW、22.1GW、32.8GW。2022～2025 年国内 TCO 玻璃需求量分别约 0.4 亿平方米、0.7 亿平方米、1.3 亿平方米、1.9 亿平方米，占光伏玻璃整体需求的比例分别约 1.9%、3.3%、5.9%、7.8%,"十四五"期间薄膜电池所用 TCO 玻璃有望受益于 BIPV "东风"迎来快速增长(见表 4-8)。

表 4-8　2022～2025 年国内薄膜光伏玻璃需求空间测算

	2021 年	2022 年 E	2023 年 E	2024 年 E	2025 年 E
假设					
屋面薄膜组件占比(%)	10	10	10	10	10
屋面晶硅组件占比(%)	90	90	90	90	90
立面薄膜组件占比(%)	56	56	56	56	56
立面晶硅组件占比(%)	44	44	44	44	44
增量市场					
公共建筑竣工面积(建制镇)(万平方米)	6 707.05	7 042.40	7 253.67	7 471.28	7 695.42
同比增长(%)	-8	5	3	3	3
对应屋顶面积(万平方米)		1 760.6	1 813.4	1 867.8	1 923.9
安装分布式光伏占比(%)		10	20	30	35
BIPV 在分布式光伏渗透率(%)		20.0	30.0	50.0	60.0
对应 BIPV 市场(GW)		0.7	2.2	5.6	8.1
农村住宅竣工面积(亿平方米)	5.23	4.96	4.72	4.48	4.26
同比增长(%)	-5.0	-5.0	-5.0	-5.0	-5.0
对应屋顶面积(亿平方米)	1.5	1.4	1.4	1.3	1.2
安装分布式光伏占比(%)	1.0	2.0	6.0	8.0	10.0
BIPV 在分布式光伏渗透率(%)	5.0	10.0	20.0	40.0	50.0
对应 BIPV 市场(GW)	0.1	0.4	2.4	6.1	9.1
工厂仓库竣工面积(亿平方米)	4.06	3.93	3.82	3.70	3.59
同比增长(%)	19	-3	-3	-3	-3

（续）

	2021年	2022年E	2023年E	2024年E	2025年E
增量市场					
钢结构厂房比例（%）	45	40	35	30	30
新建钢结构屋顶（亿平方米）	1.5	1.3	1.1	0.9	0.9
新建混凝土厂房（亿平方米）	1.8	1.9	2.0	2.1	2.0
混凝土厂房平均层数	3.0	3.0	4.0	4.0	4.0
新建混凝土厂房屋顶（亿平方米）	0.74	0.79	0.62	0.65	0.63
新建可用屋顶（亿平方米）	2.57	2.36	1.96	1.76	1.71
BIPV在分布式光伏渗透率（%）	15	30	50	80	100
对应BIPV市场（GW）	7.7	14.2	19.6	28.1	34.1
新增BIPV组件合计（GW）	7.8	15.3	24.2	39.9	51.3
存量市场					
存量面积（亿平方米）	640.8	640.8	640.8	640.8	640.8
光伏系统可安装面积（亿平方米）	106.8	106.8	106.8	106.8	106.8
改造比例（%）	1	2	3	4	5
BIPV渗透率（%）	5	10	20	40	60
屋面BIPV组件（GW）	0.2	0.9	2.7	7.1	13.4
立面BIPV组件（GW）	0.3	1.4	4.5	12.0	22.4
存量BIPV组件合计（GW）	0.5	2.3	7.2	19.1	35.8
TCO玻璃需求量					
BIPV组件合计（GW）[①]	8.4	17.6	31.3	59.0	87.1
其中：薄膜（GW）	3.1	6.5	11.7	22.1	32.8
晶硅（GW）	5.3	11.1	19.6	36.9	54.3
组件平均功率（W/块）	395	410	425	440	455

（续）

	2021 年	2022 年 E	2023 年 E	2024 年 E	2025 年 E
TCO 玻璃需求量					
组件平均面积（米²/块）	2.39	2.46	2.54	2.56	2.58
TCO 玻璃需求（亿平方米）	0.2	0.4	0.7	1.3	1.9
TCO 玻璃需求（万吨）	14.9	31.3	55.8	102.9	148.8
薄膜玻璃/光伏玻璃（%）	1.3	1.9	3.3	5.9	7.8

注：2022 年公共建筑竣工面积无官方更新数据，为预测值。
①由于四舍五入的原因，此处小计未必准确。
资料来源：历史数据主要来自 Wind、中国光伏行业协会、中国 BIPV 联盟等。

薄膜组件生产美国绝对领先，TCO 玻璃金晶科技发展加速

薄膜组件生产方面，第一太阳能公司（First Solar）是世界上最大的薄膜光伏组件生产商，2021 年占据全球近 85% 的市场份额，其 2021 年薄膜组件产量为 7.9GW，2024 年产量目标达 16GW。国内受益于钙钛矿电池产业化推进以及 BIPV 渗透率提升，预计 2024 年薄膜组件需求有望超过 20GW，按照每 GW 对应 600 万平方米玻璃需求量计算，预计 2024 年国内外 TCO 玻璃需求量将达到 2.16 亿平方米。

国内超薄光伏玻璃主要供应企业包括亚玛顿、凯盛新能等（见表 4-9），其中凯盛新能还托管了集团薄膜电池组件生产企业。国外 TCO 玻璃供应商主要是日本板硝子，国内主要是金晶科技、日本旭硝子等企业。金晶科技是国内最大的 TCO 玻璃生产企业，在技术、产能方面均处于国内领先地位，目前已有产能 3000 万平方米/年。未来随着钙钛矿电池发展，对 TCO 玻璃需求或有大幅上升。中长期来看，旗滨集团等浮法玻璃龙头也有进入的可能，TCO 玻璃的原片是超白浮法玻璃，目前具备超白浮法玻璃原片产能的企业仅有 10 家，主要集中在南玻集团、金晶科技、旗滨集

团、信义玻璃等头部企业。

表 4-9 国内薄膜组件封装材料主要供应商情况

公司	差异化产品	客户	产能
亚玛顿	公司为超薄光伏玻璃领军者，是能批量生产 1.6mm 光伏玻璃企业之一	天合光能、特斯拉	1.2 亿～1.5 亿平方米
金晶科技	公司是目前国内唯一可供应碲化镉/钙钛矿电池封装玻璃（TCO）的企业	第一太阳能公司，国内部分碲化镉、钙钛矿电池企业	3000 万平方米
凯盛新能	公司托管碲化镉及铜铟镓硒薄膜电池资产，有 1.6mm 玻璃量产能力、TCO 玻璃生产能力	与知名企业战略合作	

资料来源：各公司公告。

4.4.2 胶膜：EVA 膜为当前主流，PVB 膜为 BIPV 最优选

当前市场 EVA 膜为主流，性能上 PVB 为 BIPV 最优选

光伏胶膜主要分为 EVA 膜、POE 膜和 PVB 膜三种，其中 EVA 膜目前市场份额超 70%。透明 EVA 膜主要用在组件正面，白色 EVA 膜在透明 EVA 膜的基础上添加白色填料预处理，可有效提升反射率，主要用于组件背面封装。

政策明确建筑光伏应采用 PVB 膜。《玻璃幕墙工程技术规范》规定，"玻璃幕墙采用夹层玻璃时，应采用干法加工合成。其夹片宜采用聚乙烯醇缩丁醛（PVB）胶片"。《民用建筑太阳能光伏系统应用技术规范》提出"对有采光和安全双重性能要求的部位，应使用双玻光伏幕墙，其使用的夹胶层材料应为聚乙烯醇缩丁醛（PVB）"。此外，住建部于 2014 年印发建筑光伏组件所用 PVB 膜及 EVA 膜标准，对产品性能做出明确规定。

从性能上看，PVB 膜为 BIPV 组件的最优选择：①聚合度高，平均聚合度为 1700±50，可增强玻璃的强度；②BIPV 光伏组件采用 PVB 膜

代替EVA膜制作能达到更长的使用寿命，EVA膜长期使用会老化黄变；③PVB膜有很强的黏结性能，安全性高于EVA膜；④PVB膜的配方简单，品质稳定，保质期长；⑤PVB膜流动性差，可以防止加工过程中胶膜流溢情况发生。此外，EVA膜整体耐候性较差，无法做到100%绝缘，遇水容易发生分解，不适合用于BIPV，POE和EPE⊖膜比传统的EVA膜具有更好的水汽阻隔能力和抗老化能力，更加适用于双玻组件。

基于以上优势，采用PVB膜制作的BIPV光伏组件能达到更长的使用寿命，并获得更强的安全性，部分厂商如晶科能源已开发采用PVB膜封装的BIPV光伏组件。目前PVB膜主要应用于建筑及汽车玻璃领域，2021年在光伏材料的应用占比为14%（见图4-7），在光伏胶膜整体市场占有率不足2%，这主要因为光伏级PVB膜生产难度较大，组件封装成本高等因素。

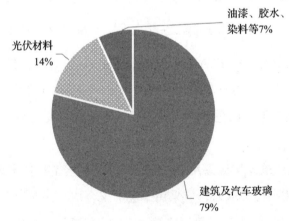

图4-7　PVB膜下游应用

资料来源：皖维高新公告。

当前PVB膜市场主要被美国首诺公司、杜邦和日本积水化学、可乐

⊖ EPE膜是指共挤型POE膜，是EVA膜—POE膜—EVA膜三层复合采用共挤出工艺制造而成，性能处于EVA膜与POE膜之间。

丽垄断，国内仅德斯泰等少数企业具备光伏级 PVB 膜生产能力。我们认为受益于政策东风及性能优势双重因素，未来 PVB 膜需求有望迅速崛起。

市场规模快速增长，部分产品或出现结构性短缺

光伏胶膜市场规模主要随着下游需求扩张而增长。我们测算 2022～2025 年全球对应的光伏胶膜需求量分别为 28.5 亿、29.33 亿、30.41 亿、33.12 亿平方米（见表 4-10），主要假设如下：①全球光伏新增装机量在 2022～2025 年实现 250GW、260GW、273GW、300GW；②假设光伏组件安装量和生产量的配容比为 1.2；③每 GW 光伏胶膜需求量会随着单位面积组件输出功率的逐年提高，而呈现逐年下降的趋势。

此外，根据中国光伏行业协会对未来各类胶膜市占率的预测，透明 EVA 膜随着双玻组件的市场占比提高，其市场份额或将逐年递减。而白色 EVA 膜和 POE 膜未来市场份额或将保持不变，共挤型 EPE 膜市场份额因 BIPV 和双玻组件的普及而大幅提升，或出现结构性短缺。

表 4-10 全球光伏胶膜需求测算

	2021 年	2022 年	2023 年 E	2024 年 E	2025 年 E
全球光伏新增装机量（GW）	175	250	260	273	300
配容比（光伏组件安装量和生产量的配容比）	1.2	1.2	1.2	1.2	1.2
组件功率（M10 型号,182mm）（W）	540	545	550	555	560
组件面积（平方米）	2.58	2.58	2.58	2.58	2.58
对应组件生产量（GW）	210	300	312	327	360
单 GW 光伏胶膜需求量（亿平方米）	0.096	0.095	0.094	0.093	0.092
对应光伏胶膜需求量（亿平方米）	20.16	28.50	29.33	30.41	33.12
透明 EVA 膜占比（%）	53	50	48	46	44

（续）

	2021年	2022年	2023年E	2024年E	2025年E
透明EVA膜需求量（亿平方米）	10.68	14.25	14.08	13.99	14.57
白色EVA膜占比（%）	23	24	23	22	22
白色EVA膜需求量（亿平方米）	4.64	6.84	6.75	6.69	7.29
POE膜占比（%）	10	9	9	9	9
POE膜需求量（亿平方米）	2.02	2.57	2.64	2.74	2.98
共挤型EPE膜占比（%）	14	17	20	23	25
共挤型EPE膜需求量（亿平方米）	2.82	4.85	5.87	6.99	8.28
克重（g/m²）	480.00	480.00	480.00	480.00	480.00
EVA膜需求量（万吨）	80.70	112.86	114.03	116.05	124.80
POE膜需求量（万吨）	16.45	23.94	26.75	29.92	34.18
合计（万吨）	97.16	136.80	140.77	145.97	158.98

注：由于四舍五入的原因，本表数据未必准确。
资料来源：IREA，中国光伏行业协会。

竞争格局：CR3市占率达75%，龙头扩产规模较大

光伏胶膜行业高度集中，2020年CR3市占率达到75%以上。光伏胶膜龙头企业福斯特处于绝对领先地位，其市占率自2014年的44.06%提升至2020年的55.00%，同时公司产品矩阵较为完整，布局POE膜业务较早，目前在产和在建各2亿平方米产能。斯威克、海优新材分别位列行业第二、第三名，全球光伏胶膜市场基本被中国企业占据（见图4-8）。

胶膜企业扩产状况：头部胶膜企业扩产规划规模较大，除了龙头公司福斯特扩产较多外，上海天洋胶膜业务扩产规划规模也较大，未来在产能上有望进入行业前三（见表4-11）。上海天洋2022年底实现光伏封装胶膜年产能约1.6亿平方米。随着新生产基地的建设，预计2023年底年产能达3.5亿平方米，待募投项目一期全部投产后2024年年产能将达5.4亿平

方米。EVA粒子的采购是扩产的重要影响因素，上海天洋进入行业较早，采购占优势，优先从韩国的供应商处进行增加采购以扩大份额，并签订长协订单保证供应，同时也加大了与国内供应商的合作。

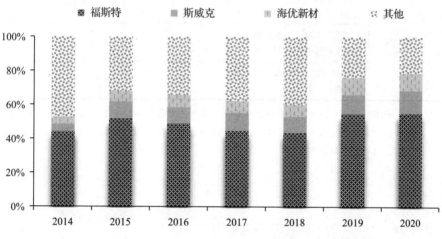

图4-8　2014～2020年全球光伏胶膜行业市场格局

资料来源：各公司公告。

表4-11　国内主要胶膜企业扩产计划

公司	项目	产能（亿平方米）	预计或者实际投产时间
福斯特	滁州年产5亿平方米光伏胶膜项目	5	2023年
	嘉兴年产2.5亿平方米光伏胶膜项目	2.5	2023年上半年
海优新材	盐城年产2亿平方米光伏封装胶膜项目	2	2025年
	上饶海优威应用薄膜有限公司年产1.5亿平方米光伏封装材料项目	1.5	2024年
斯威克	义乌年产3亿平方米抗老化封装胶膜项目	3	2025年达产

（续）

公司	项目	产能（亿平方米）	预计或者实际投产时间
赛伍技术	浙江浦江 2.55 亿平方米 POE 胶膜项目	2.55	2022 年 Q3（部分投产）
上海天洋	昆山天洋年产 1.5 亿平方米光伏胶膜项目	1.5	2022 年 Q3
	江苏如东年产 1.5 亿平方米太阳能封装胶膜项目	1.5	2023 年 Q3
	海安天洋年产 1.5 亿平方米光伏胶膜项目	1.5	2023 年 Q3

注：滁州年产 5 亿平方米光伏胶膜项目中 3 亿平方米已于 2022 年 5 月完成设计产能目标，浙江浦江 2.55 亿平方米 POE 胶膜项目已于 2022 年 9 月达到预定可使用状态。

资料来源：各公司公告。

| 第 5 章 |

建材行业国际对标研究

5.1 对标美国，中国存量房市场是否到来

本章通过对标美国市场，预计后期中国改造市场有望逐步放量。美国的住房改造从口径上可类比中国的老旧小区改造＋居民自主内装改造，内外占比在 6∶4 左右。中国 2019 年内装改造需求占比 35% 左右，在同口径下预计在 2030 年下有望实现远高于 50% 的占比。本章测算中国当前的城镇住宅房龄在 16～17 年，中等收入家庭的比例也超过了美国在 20 世纪 70 年代初的水平（但中等收入水平明显低于美国，大的改造对中国居民仍然负担不小），35～64 岁人口占比于 2009 年达到 45.49% 的峰值，当前仍处于高位，但后续有一定下行压力。同时，每年新建面积占存量的比重逐步下降，也为存量改造对冲新建下行压力逐步创造条件。综合而言，虽然改造市场短期仍无法替代新建市场，但前景可期，综合农村、县城等改善需求，消费建材中长期仍拥有稳定的行业需求前景。

5.1.1 中国存量房处于什么时代

中国的存量房改造与美国的存量房改造有一定的差异，中国由居民主导的改造更集中于内部装修。在美国，独立屋是主流住宅形式，这意味着房屋的内外部都是住宅业主的改造范围（见表 5-1）。但中国的城镇住宅绝大部分以公寓为主，房屋外立面、小区公共区域均不属于业主自行改造的范围，因此，中国居民主导的改造是内装修的概念。美国住宅改造类似于中国政府推动的旧改，叠加居民主导的内装改造。实际上对于绝大部分中国城镇居民而言，可改造的内容主要对应厨房和浴室的重新装修和内部增加与更换，合计对应美国改造市场中 40%～45% 的份额。随着家庭人口的潜在增加，现有房屋内隔断的改造也有望逐步增加。而政府主导的小区旧改对应外部增加与更换以及院落整修与更换，这部分占比在 40% 左右。

表 5-1 美国改造市场的细分组成 （%）

项目	2019 年	2015 年	2011 年
房屋增加与装修	6.87	7.36	10.04
卧室	1.95	2.55	2.45
浴室	0.71	0.80	1.30
游戏室	0.62	0.70	1.00
厨房	0.94	1.01	0.53
其他	2.65	2.30	4.77
重新装修	16.70	19.68	16.46
浴室	7.16	8.70	6.52
厨房	9.54	10.98	9.94
外部增加与更换	23.73	27.89	26.32
非独立车库（位）		1.23	
门廊、甲板、天井、露台	4.23	4.38	4.51
屋顶	11.16	12.27	12.20
壁板	2.34	2.90	2.97

（续）

项目	2019年	2015年	2011年
门窗	5.26	6.32	6.64
烟囱、楼梯及其他	0.74	0.79	
内部增加与更换	**26.79**	**27.61**	**28.53**
保温	0.94	1.16	1.23
水管	1.13	1.22	1.29
其他用水器具	2.20	2.24	1.78
电工	1.69	1.69	1.43
安防	0.65	0.51	
墙面、地面、天花板	6.26	7.42	9.16
暖通	9.46	9.36	9.53
化粪池	0.35	0.37	
热水器、洗碗机、垃圾处理	2.18	2.57	2.93
其他	1.93	1.08	1.18
院落整修与更换	**14.41**	**12.45**	**9.90**
道路	2.65	2.49	
院墙	2.20	2.14	
游泳池等娱乐设施	2.72	2.05	
天棚、独立车库	2.82	2.16	3.33
景观	2.97	2.81	
其他	1.04	0.79	6.57

注：1. 2011年和2015年与2019年分类略有不同，主要在于车库的划分，且2015年和2019年数据增加了部分项目。

2. 由于四舍五入的原因，本表数据未必准确。

资料来源：AHS。

2020年中国改造型装修占家装的比例为40%左右，存量房时代其占比上限可能很高。2016～2020年中国装修房屋供给中，存量房的数量占比基本稳定在40%左右，而二手房销售面积占总住宅销售面积的比例也相对稳定。2011年高峰时美国的住宅改造市场占到总住宅建造支出的

50%以上，这个比例中的分母是全部住宅建造支出，包含了新建住宅的土地平整和主体结构建造部分，这些在新建支出中的占比较高，在改造支出中占比较低，因此如果统一美国计算分式的上下口径，美国存量房改造支出占全部住宅改造支出的比例将远高于50%。

5.1.2 房龄：当前或仍处于临界点左侧

2015年中国城镇居民家庭户住宅的建造年份中位数为2000～2001年，当时房龄还比较小，并没有完全进入存量房改造占比上升的阶段。有关中国存量住宅房龄的调查中，在中国1%的人口抽样调查资料中，在2015年时，按户数、间数和面积进行线性内插，可以得知当时中国城镇居民户住宅的建造时间中位数分别为2000年（户数）、2000年（间数）和2001年（面积），即当时的房龄中位数为14～15年，根据美国经验，并没有进入存量房时代（见表5-2）。这个数据并没有包含集体户住宅的情况，如果考虑集体户的居住条件可能比居民户差，则上述数据可能对房龄中位数有所低估。但实际上，参考美国，由于出租的多户住宅的改造支出远少于单户住宅居民户，因此集体户住宅对改造支出的影响可能也比较小。

站在2022年看，中国城镇居民的住房房龄中位数可能在16～17年，仍然没有进入和美国类似的存量房时代。根据2015年的数据推算当前的房龄中位数，主要需要得知2015～2021年的房屋增量情况和2015年的房屋存量情况。上述数据当前的可得性比较差，主要在于用城镇居民的人均居住面积×城镇居民户数量，无法准确表示存量住房的总量，出租的房子，有可能没有计入人均居住面积。一个简单的例证是，2015年后按照人均居住面积×人数计算得出的居住面积的总量增量，显著小于住建部公布的住宅竣工面积。但仍然可以据此大致估算自住房的房龄，因为人口抽查数据实际上也反映自住房的房龄。将每年城镇新增的居住面积分成新房提供和二手房提供,其中二手房的比例采用艾瑞咨询的研究数据。在此基础上重新估算,2021年末城镇居民户的住宅建造年份中位数在2005～2006年,房龄中位数在16～17年,同样,如果考虑集体住宅,该数据可能存在一定的低估(见表5-3)。以美国房龄中位数的22年为界,可能还需要至少5～6年才能进入以美国经验定义的存量房时代。

表5-2　2015年中国房龄抽查数据　　　　　　　　　　　(%)

	户数比例	间数比例	面积比例
1949年以前	1	1	0
1949～1959年	1	0	0
1960～1969年	1	1	1
1970～1979年	5	4	3
1980～1989年	16	14	13
1990～1999年	26	26	25
2000～2009年	35	37	39
2010年以后	15	18	18

注:由于四舍五入的原因,最终总计不一定等于100%。
资料来源:国家统计局人口和就业统计司《2015年全国1%人口抽样调查资料》。

表5-3　按面积计算的城镇居民户居住房屋的建造年份　　(%)

	2015年	2021年
1949年以前	0	0
1949～1959年	0	0
1960～1969年	1	1
1970～1979年	3	3
1980～1989年	13	10
1990～1999年	25	19
2000～2009年	39	30

	2015 年	（续） 2021 年
2010～2015 年	18	14
2015 年之后		23
建造年份中位数	2001～2002 年	2005～2006 年

注：由于四舍五入的原因，最终总计不一定等于 100%。

资料来源：国家统计局、艾瑞咨询。

5.1.3 中等收入人群比例已达标，但收入水平差距较大

从统计局的数据看，中国中高等收入人群的比例已经具备了提升改造市场比例的条件，后续其群体比例的扩大有助于提升改造支出的占比。2019 年初，统计局表示，以中国典型的年收入在 10 万元至 50 万元之间的三口之家进行统计，此类人口已经超过 4 亿人，约 1.4 亿个家庭，将此作为中等收入群体的标准，中等收入群体占 2018 年 14.05 亿总人口的比例为 28.5%。如果我们粗略地假设每个收入群组的收入平均值与中位数一致，并且在其中简单线性内插的话，那么可以近似算出，2018 年家庭总收入超过 10 万元的人口占总人口的比重为 34.7%，这个比例本身与 20 世纪 70 年代美国存量房改造市场占比开始提升起点的比例已经非常接近。根据国家信息中心经济预测部肖若石的观点，至 2035 年中国中高收入群体的比例有望达到 50%，如果能够达成，届时同口径下中国中高收入人群的比例将超过美国 2019 年左右的水平。

但仍需注意的是，改造装修对中国的中高收入群体而言，可能仍然是一笔不小的开支，或者说中国的中等收入标准和美国并不一致。如果考虑 20 年一次的改造周期，美国中高收入家庭（2011 年为 6 万美元）大改造一次的支出会占到一年收入的 30% 左右，支出会达到 1.8 万美元以上（对应 2019 年则为 2.85 万美元以上）。如果根据中国 2019 年 7650 亿元改造

装修市场，对应888万套存量房供给来计算，平均每套支出为8.6万元。从2021年来看，一年收入的30%，在中国中间收入和中高收入群体中分别对应2.27万元和3.51万元（见表5-4），明显低于8.6万元。其中的原因是中国当前的存量房改造主要由二手房买卖后的深度重装驱动，因此单体价值量较高。这也从另一个角度说明，当前自住用房的重装并未形成较大规模的市场，而这可能与房龄和收入水平都有关。

表5-4 中国不同收入家庭的收入平均值　　　　　　　（万元）

	2021年	2020年	2019年	2018年	2017年	2016年	2015年
低收入	2.17	2.06	2.15	1.93	1.81	1.72	1.62
中低收入	4.80	4.31	4.61	4.31	4.19	4.01	3.69
中间收入	7.55	6.88	7.31	6.96	6.82	6.51	5.99
中高收入	11.69	10.79	11.46	10.94	10.47	9.95	9.13
高收入	22.32	21.04	22.31	21.19	19.68	18.43	16.91

注：2021年的户均人数假设为2.6人，其余年份为统计局实际值。
资料来源：国家统计局、CEIC。

5.1.4 人口结构：处于黄金阶段，但后续存忧

中国的人口结构已经处于利于改造支出的较高水平，但后续边际改造的动力不足，若三孩政策能够发力，则从短周期和长周期均利好改造市场。从可比角度看，美国在20世纪70年代存量改造比例提升的初始阶段，25～65岁人口的占比为45%左右，随后逐步上升至2007年52.9%的峰值，随后开始下降。中国在1990年时25～65岁的人口占比就已经达到了45.0%，随后上升至2016年60.4%的高点，2019年下降至59.9%。具体来看，中国35～64岁的改造支出的黄金消费年龄人口占比在2009年达到了45.5%的峰值，随后呈现一定下降态势，但仍处于高位（见图5-1）。中国小于35岁人口比例的快速下降，可能使未来改造支出的主力人群占

比逐步回落。2019年中国25岁以下人口的比例为27.5%（见图5-2），与过去30多年相比下降速度较快，同期美国虽然也在下降，但降幅远小于中国，至2019年其占比为31.5%，相比1987年仅下降了6个百分点。如果中国的三孩政策能够切实起效，短期看，后代出生是美国非常强的改造刺激因素，同样也可能刺激中国的住宅改造市场，中长期看也有利于改造消费中坚人群比例维持较高水平。

5.1.5　改造市场能成为对冲新建市场下行的力量吗

中长期保持乐观，短期仍有不确定性。上文从驱动因素的角度论述了存量房改造占比提升的可能性，但还有一个重要的影响因素，就是新房的增量。中国在过去20年中，一直保持着很大的城镇住房增量，近年来随着城镇化降速，每年新增的城镇居民户住房面积也在下降。2020年和2021年的增量占存量的比重已经降到了2.5%和1.3%，这已经和美国在20世纪七八十年代的平均值接近了（见图5-3和图5-4）。参考美国，在这样的情况下，家庭户的实际居住房屋带来的新增建造需求的下降在中长期已经可以由改造需求的增加对冲。但2021年国家统计局数据中的商品住宅竣工面积大于城镇家庭户居民的居住面积的增量，住建部口径的住宅竣工面积在2008年后的大部分年份中远大于城镇居民户的居住面积增量，其中可能的原因包括：①非户籍或集体户籍居民消化了一部分竣工的住宅供给；②存在部分投资性的需求（如用来出租或等待升值）。如果新竣工住宅面积占城镇居民户居住面积的比例仍然较大，且新建市场中的投资类需求出现快速下行，改造市场需求或仍无法在短期内弥补总量（改造+新建）的下降。但值得一提的是，2021年中国仍有近5亿农村人口，而农村人均居住面积在2019年为48.9平方米，即农村仍有约244.5亿平方米的存量住宅，农村人口消费能力的提升和城镇化的趋缓，可能使农村住宅改造的需求逐步扩大。

第 5 章 | 建材行业国际对标研究

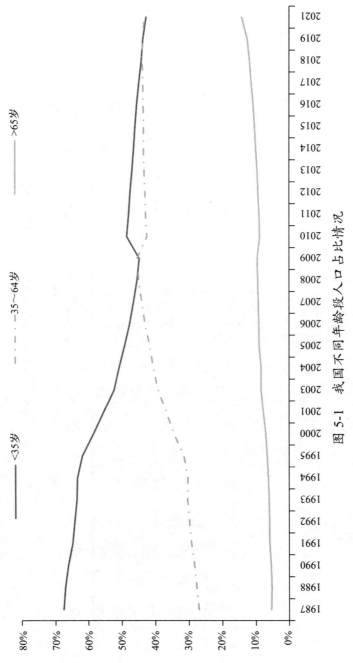

图 5-1 我国不同年龄段人口占比情况

注：由于 2020 年第七次人口普查公报中披露的年龄口径与其他年份有区别，故未纳入图中做对比。

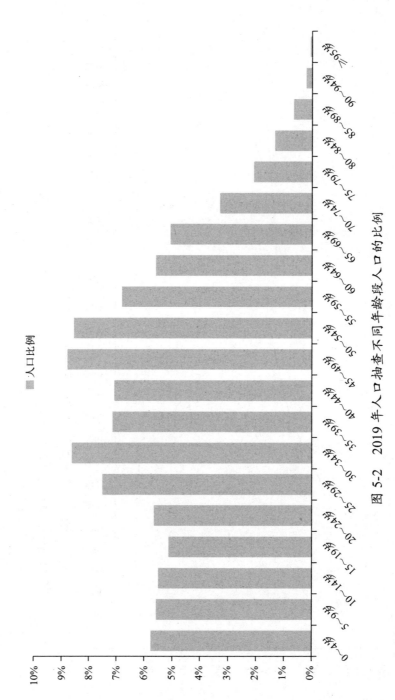

图 5-2 2019 年人口抽查不同年龄段人口的比例

资料来源：国家统计局。

图 5-3　美国每年住宅存量净增量占存量的比重

注：计算方法为净增量 ×2/（本年存量＋上一年存量）。
资料来源：美国统计局。

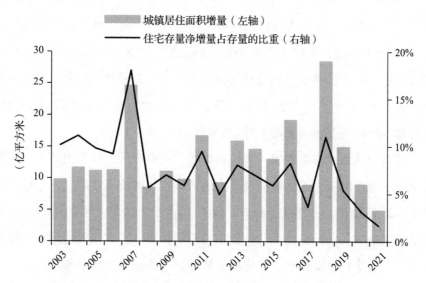

图 5-4　中国城镇每年住宅存量净增量占存量的比重

注：计算方法与美国相同，其中假设 2021 年城镇人均居住面积为 40 平方米，与 2020 年持平。
资料来源：国家统计局。

5.2 涂料国际比较：千亿市场巨头崛起

5.2.1 全球涂料市场：前十涂企占比约四成，亚太份额提升快

2020年全球涂料市场规模约8864亿元，其中建筑涂料占比为40%，是最大的细分市场（见图5-5）。一般而言，涂料根据化学属性可以分为有机涂料和无机涂料，咨询公司Kusumgar, Nerlfi & Growney 将有机涂料按用途分为建筑涂料、OEM涂料（相当于国内常用的工业涂料）和特殊涂料三大类。2017～2020年全球涂料市场保持小幅增长，2020年全球涂料产量约3190万吨，2017～2020年产量年复合增速为2.4%，年产值复合增速为3.1%（见图5-6）。

全球前十涂企市场份额约占40%，行业集中度有望进一步提高。 2015～2020年全球涂料市场集中度缓慢提升，按收入口径前十涂企市场份额分别达到33%、31%、34%、39%、35%和38%，2019年行业集中度有所下滑主要由于欧美地区涂料需求增速放缓。前100企业的市场份额在60%上下浮动，全球涂料市场仍然很分散，绝大部分市场份额被几万家公司瓜分，并购整合依然会成为世界涂料行业的趋势。宣伟、PPG、阿克苏诺贝尔是2016～2020年前三涂企，2020年营收均超过100亿美元，总计市占率达到23%，领跑全球涂料行业（见图5-7）。

亚太地区为全球涂料第一大消费市场。 亚太地区人口占比最大，且随着全球制造业向亚太地区倾斜及亚太地区城市化的快速发展，亚太地区涂料需求逐年增长，占比快速提升，2021年占全球市场规模的46%，在涂料销售总量与各细分市场中均占据最大份额。而欧洲与北美地区由于经济发达，人均涂料消费量高，在涂料销售总量与各细分市场中所占的份额同亚太地区相当（见图5-8）。

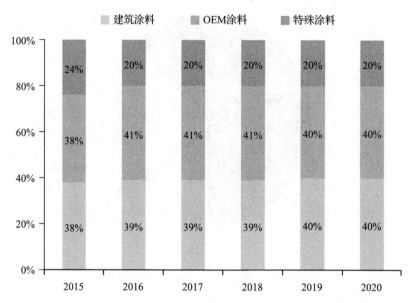

图 5-5　2015～2020 年全球三大细分涂料占比情况

资料来源：宣伟官网。

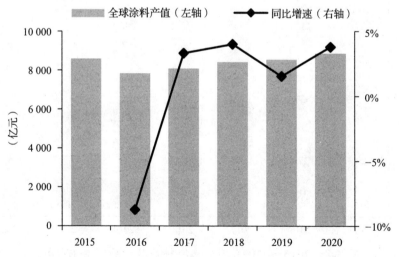

图 5-6　2015～2020 年全球涂料产值及同比增速

资料来源：宣伟官网。

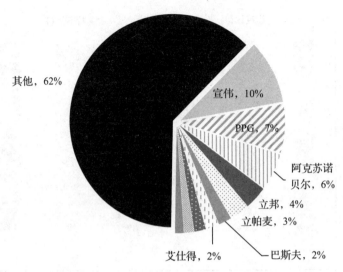

图 5-7　2020 年全球涂料竞争格局

资料来源：涂界微信公众号。

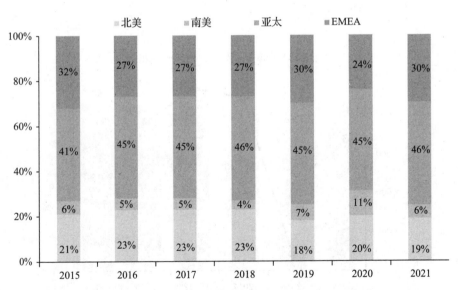

图 5-8　2015～2021 年全球涂料销量按地区分布情况

注：EMEA 包含欧洲、中东、非洲和其他地区。

资料来源：宣伟、PPG 官网。

5.2.2 宣伟对标研究：全球涂料市值标杆的成功之道

宣伟是美国最大的涂料生产商，也是目前全球市值最大的涂料上市公司。宣伟成立于 1866 年，主要涉及建筑涂料、工业重防腐与船舶涂料、汽车涂料及工业涂料四大业务。2017 年公司成功完成对威士伯的并购，成了全世界最大的涂料生产商，2021 年营收位列全球涂企之首。本节主要把宣伟与三棵树、亚士创能做对标研究。

产品对比：宣伟产品范围广，三棵树专注细分领域

宣伟在发展过程中建立了多种涂料产品生产能力，目前建筑涂料占比超 60%。 宣伟起家于建筑涂料生产，第二次工业革命后汽车产量增加，1888 年开始销售汽车饰面涂料，"二战"期间开始为部队提供迷彩涂料、子弹涂料等，随后公司通过并购不断拓展公司产品范围（见表 5-5）。2017 年公司完成对威士伯的收购，公司业务部门整合为美洲集团、消费品牌集团和高性能涂料集团。美洲集团和消费品牌集团均以销售建筑涂料为主，2021 年营收占比合计达 70%，其中建筑涂料占比超 60%。高性能涂料集团由宣伟的全球涂料业务与威士伯工业涂料业务合并而来，主要销售汽车涂料、防腐涂料、船舶涂料等工业涂料，2021 年营收占比为 30%（见图 5-9）。

三棵树的产品主要有墙面漆、木器漆以及胶黏剂，墙面漆收入占比持续提升，重点发力工程市场。 和宣伟类似，三棵树建筑墙面漆（工程＋家装墙面漆）收入占营业收入比重从 2011 年的 50% 提升至 2021 年的 60%，目前已经发展出内墙漆、外墙漆、艺术漆、仿石漆、硅藻泥等多系列墙面漆产品。在房地产集中度不断提升的背景下，公司重点发力工程市场，2015 年工程墙面漆收入占比首次超过家装墙面漆，2018 年最高达到 49%，但 2021 年开始，随着大房地产商增长放缓，家装涂料开始逐渐发力（见图 5-10）。

表 5-5 宣伟 2008～2021 年的重要收购

被收购公司名称	公告时间	被收购公司总部所在地	收购金额（百万美元）	主营业务
Inchem	2008 年 9 月 3 日	新加坡	未公布	木器涂料、塑胶涂料
Euronavy	2008 年 12 月 12 日	葡萄牙	未公布	工业防腐涂料、船舶涂料
Altax	2009 年 2 月 6 日	波兰	12	防护型木器和木质基材涂料
Sayerlack	2010 年 2 月 17 日	意大利	54	木器涂料
Becker Acroma	2010 年 5 月 24 日	瑞典	未公布	木器涂料
Leighs	2011 年 7 月 6 日	英国	未公布	船舶、防腐和防火涂料
Comex	2012 年 11 月 12 日	墨西哥	2 340	建筑涂料
普兰纳涂料	2012 年 12 月 29 日	中国	未公布	汽车修补涂料、风电叶片涂料
威士伯	2016 年 3 月 20 日	美国	8 939	工业涂料、建筑涂料、包装涂料、汽车修补涂料以及树脂等

资料来源：宣伟公司公告。

第 5 章 | 建材行业国际对标研究

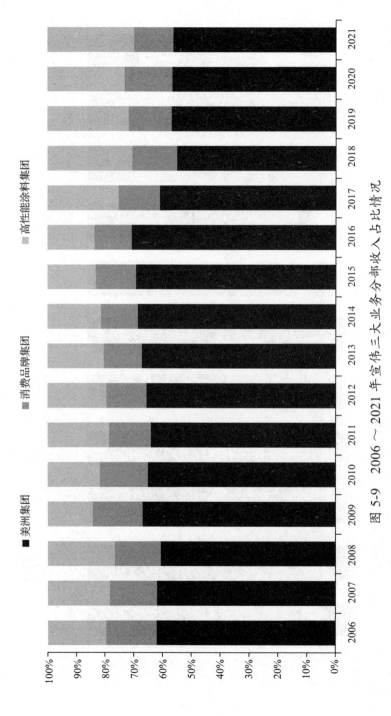

图 5-9 2006～2021 年宣伟三大业务分部收入占比情况

资料来源：宣伟公司公告、天风证券研究所。

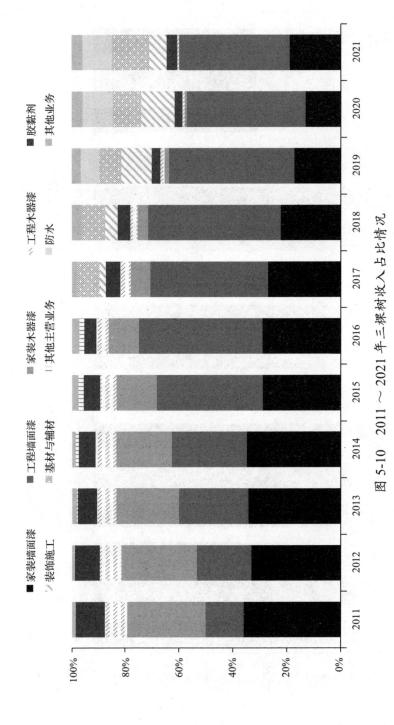

图 5-10 2011～2021 年三棵树收入占比情况

资料来源：三棵树公司公告

存量房市场中宣伟平稳发展，三棵树进入高速增长期。美国20世纪40年代城镇化率超过50%，近年来成屋销售数量显著高于新屋销售数量。存量房市场中宣伟的涂料业务平稳发展，除1996年、2005年、2017年因大规模收购使得收入增速大幅跳升，以及2009年受金融危机影响收入大幅下滑外，宣伟营收增速一般为个位数，处于平稳增长阶段（见图5-11）。美洲集团主要经营北美建筑涂料业务，受益于2009年金融危机后美国房地产市场回暖，收入增长受到原材料价格影响而波动。消费品牌集团主要经营海内外建筑涂料业务，2006～2016年营收年复合增速为1.1%，在2017～2018年由于整合威士伯全球涂料业务，营收规模出现较大跳升，2019年后增速回落，且2021年出现负增长，这主要是因为DIY需求恢复、原材料供应问题以及子公司业务剥离。受益于中国近年较高的房地产新开工增速及集采和精装修占比提升带来的行业集中度快速提升，三棵树2011～2021年工程漆收入年复合增速为46%，高于家装漆年复合增速的24%。2021年公司整体收入增速达到39%（见图5-12），其中家装漆收入增速高达103%。

宣伟的美洲集团建立系统性的直营店渠道，通过高利润率推动内生性增长，是公司业绩增长的核心驱动力。美洲集团充分发挥直营店专业渠道优势及品牌优势，2021年营业利润率高达20%，远高于消费品牌集团与高性能涂料集团，营业利润占宣伟整体营业利润的99.5%。消费品牌集团由宣伟与众多品牌整合而来，也以建筑涂料销售为主，但其销售渠道主要是大型零售商、独立经销商和工业经销商等，利润率低于美洲集团，2021年营业利润率为13.2%，营业利润占比为15.9%。高性能涂料集团通过零售、经销等多种渠道销售工业涂料等产品，由于工业涂料消费属性不及建筑涂料，2021年营业利润率为8.1%营业利润占比为21.6%（见图5-13）。

230 | 一本书读懂建材行业投资：存量时代龙头崛起 |

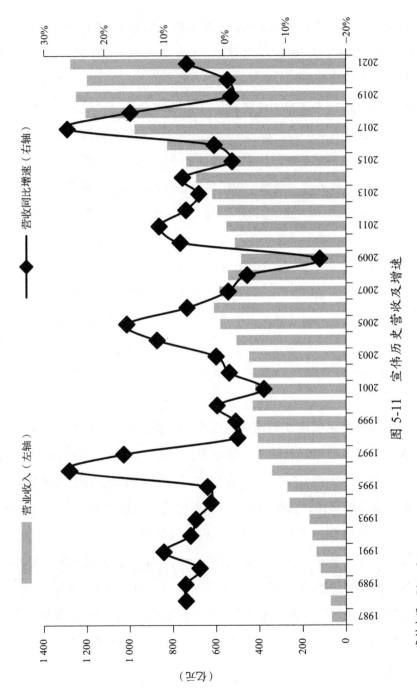

图 5-11 宣伟历史营收及增速

资料来源：Bloomberg。

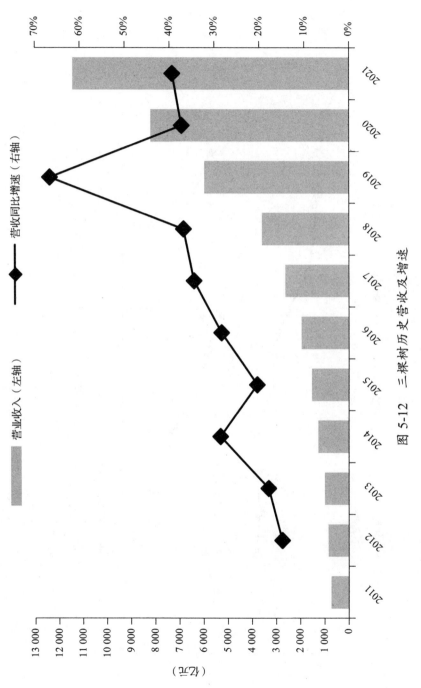

图 5-12 三棵树历史营收及增速

资料来源：Wind。

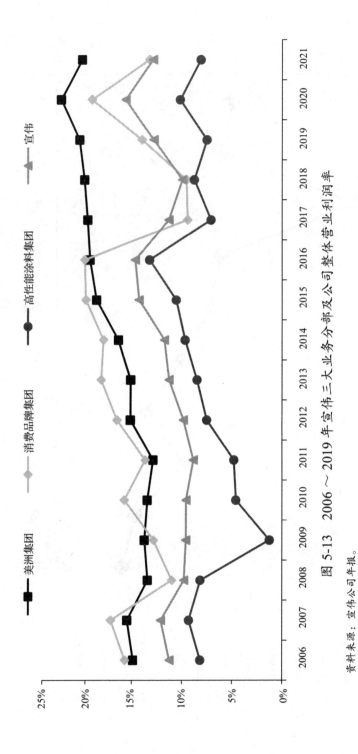

图 5-13 2006~2019 年宣伟三大业务分部及公司整体营业利润率

资料来源：宣伟公司年报。

三棵树"工程+零售"双轮驱动,零售端利润率较高,稳定性高。 建筑涂料原材料成本在生产成本中占比超过90%（2020年及以后运费计入产品成本,故原材料成本占比有所下滑）,其波动对价格及毛利影响大。存量市场以零售端业务为主,零售端消费属性强,龙头企业具有较大定价权。从报表来看,零售端占比较高的宣伟毛利率水平及稳定性均好于三棵树和亚士创能。同时,国内两家公司中,零售业务比重较高的三棵树毛利率水平又显著好于亚士创能（见图5-14）。未来中国存量市场崛起是大势所趋,而三棵树由三四线城市起家,继续通过"产品+服务"布局零售端业务,2018年开始实施"农村包围城市战略",加大一二线城市布局,市占率有望逐步提升。

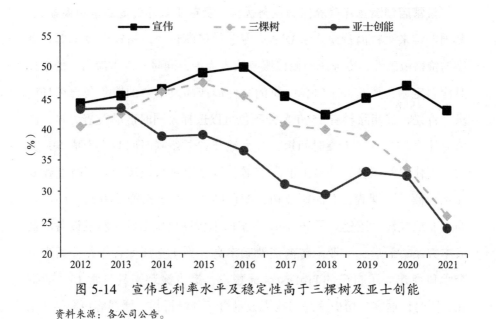

图5-14 宣伟毛利率水平及稳定性高于三棵树及亚士创能

资料来源：各公司公告。

渠道为矛：广覆盖、高渗透渠道能力向规模优势转化

美国涂企采取差异化竞争策略,宣伟直营店渠道具有先发优势。 根据美国凯斯西储研究所的资料，为快速拓展市场，宣伟发展初期主要通过经销商发展，于20世纪10年代建立第一家直营店，到20世纪60年代末，公司产品通过1800多个直营店和近3万个经销商进行销售。随着美国存量市场的发展，公司缩减经销商数目，专注建设直营渠道，至2021年末美洲集团拥有4859家直营店，实现了约每80公里就有一家直营涂料店的布局，抢占有利位置建立先发优势，其他企业的渠道复制成本高（见图5-15）。相较于宣伟，PPG等公司由于涂料业务起步晚、市场占有率低、业务多元化，借助大型零售商的广泛渠道更有利于其销售包括涂料在内的一揽子产品，但由于美国大型零售商在合作中话语权较高，经销模式涂企的利润率低于直营店渠道涂企的利润率。

直营店创造宣伟美洲集团业务优势，受益于崛起的专业承包商模式。美国近年来涂料消费模式由DIY向专业承包商转变，相较于DIY客户高度的价格敏感性，专业承包商以服务收入为主，同时，以重涂为主的市场对涂料定制化要求高，宣伟提供的高性能产品及细致的服务契合市场需求。首先，宣伟涂料有1500多种颜色可以选择，同时产品覆盖力强，涂料底漆合二为一，干燥时间短，极大地节省了涂刷时间与人力成本；其次，宣伟深耕服务，新员工上岗前需要接受涂料知识培训，同时上线专业承包商教育课程，在涂刷技巧、颜色设计、产品选择等方面帮助承包商专业地成长，还建立了ProBuy方案向承包商提供节约涂料及设备的低成本方案；最后，专业承包商消费频率高，为建立深度合作，公司为每个承包商建立了自己的ProDiscount账户，提供涂装工具日常15%的折扣，同时根据客户历史交易与购买数量给予分级折扣，增强客户黏性（见表5-6）。

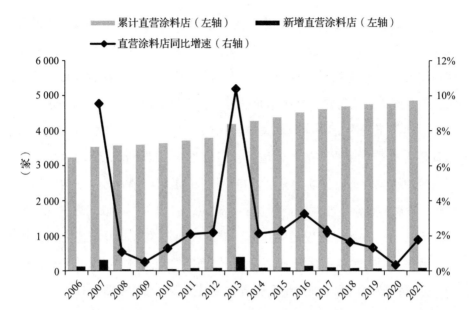

图 5-15　宣伟美洲地区直营涂料店数量及同比增速

资料来源：宣伟公司公告。

表 5-6　美国涂企三大销售渠道对比

销售渠道	特点	优点	缺点	代表企业
大型零售商	借用家得宝、劳氏等已有的大型商超零售渠道，主要面向 DIY 市场	种类丰富、价格优惠，借助已有大流量销售平台	定价权小，利润空间被压缩；服务支持力度小；严重依赖零售商	马斯科
直营店	企业自营渠道，主要面向专业承包商	服务专业，具备品牌营销功能；自主定价，毛利率高	员工培训及渠道铺设费用高	宣伟
经销商	经销门店销售，包括涂料专营商、搭售工具的五金店等类型	可低成本扩大销售区域	经销商质量参差不齐；经销商可能代理多个品牌	本杰明摩尔

三棵树采用以经销为主、直销为辅的销售模式，扁平化经销渠道兼顾扩张速度与精细化管理。三棵树家装漆采用经销商模式，通过发展对地域环境和市场较为熟悉的优质经销商，提高对家庭消费者的区域覆盖能力；工程漆则采用直销与经销结合的方式，直接或通过经销商与房地产开发商、建筑工程企业建立合作关系。三棵树2021年直销收入占比31%，尽管随着B端直销收入的高速增长，经销收入占比下滑，但经销作为公司主要的销售模式增长动力充足，2013～2021年经销收入年复合增速为30%。考虑到直营店与零售商渠道的优缺点，公司折中采取"扁平化"的经销模式，一方面大力发展经销商，借助其商业关系与开拓能力快速扩张，另一方面通过扁平化管理加强对经销商的管理及培训，减少中间层层利润分流，最大化地保证经销商服务质量及拓展动力（见图5-16）。

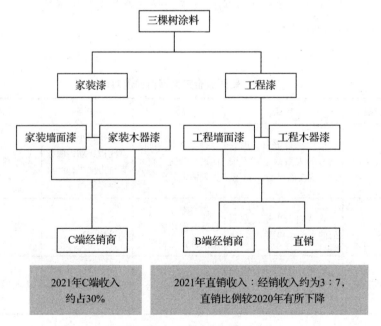

图5-16 三棵树渠道结构

资料来源：公司公告。

宣伟则建立一体化供应链，通过大型零售商和经销商渠道销售。 并购可以帮助公司快速获取渠道资源，如公司2012年通过收购Comex获取314家直营涂料店及在加拿大的1500个独立经销商渠道。在海外渠道的整合拓展过程中，公司通过收购和租赁建立"生产基地—分配中心—下游渠道"的一体化供应链，由于直营店投入大、发展速度缓慢，公司多采取与当地大型零售商合作及发展经销商的方式进行销售。消费品牌集团有超过10 000个分销点，同时与大型零售商如劳氏等合作；高性能涂料集团则通过近300个分公司和子公司在40多个国家布局，并通过经销商、大型零售商及少量的直营店销售（见图5-17）。随着并购威士伯及国外渠道拓展，公司海外营收占比由2016年的14.5%提升至2021年的21.2%。

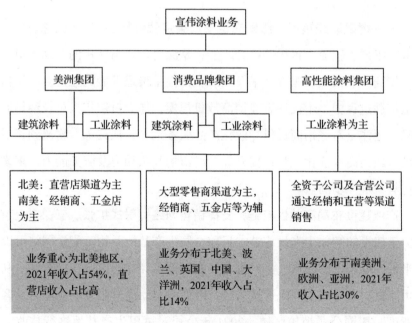

图5-17 宣伟渠道结构

注：收入不等于100%，因为公司还有个独立的单元——行政事业中心，也有2%的收入。
资料来源：公司公告及资料。

宣伟经验印证高销售渠道铺设量变为规模优势，未来收入增长摊薄先支费用。 宣伟自建直营店数目每年稳定增加，渠道铺设带来规模效应，公司近几年人均产值稳定在200万元左右，营收增速超过费用增速。三棵树近年来加大经销渠道建设投入，2021年销售人员增加1489人，销售费用为18.8亿元，分别同比增长44%和36%，销售人员薪酬激励高，销售费用在销售收入中占比最高且逐步增长。销售费用的高额投入保证公司能更好地开拓与扶植经销商，使公司渠道建设进展迅速。截至2021年底全国共有2万多个涂料网点，近15 000家经销商，广泛覆盖各地市场。广覆盖、高渗透的渠道布局覆盖消费者多，服务及时性好，随着收入增长摊薄费用，渠道建设将先发优势发展为规模优势，费用率有望进入下行通道。

三棵树赋能经销商，激励充足推动渠道稳健拓展。 渠道承担着销售、服务、推广、物流、售后等综合职能，是涂料企业与客户的互动窗口，提升经销商专业素质、服务水平及拓展积极性是渠道发展的关键。三棵树在渠道扩展过程中，不仅注重经销商数量规模，加大对销售人员及经销商的激励，还注重对经销商提供专业化产品服务指导，从订单、物流到售后支持助力经销商专业化成长，提升经销商市场开拓动力及服务能力，未来渠道优势将进一步凸显。

产能建设布局高效供应链，支撑销售网络辐射式扩张。 三棵树上市后致力于建设的智能生态供应链，目前全国生产基地及物流配送网络可以覆盖半径500公里的区域。涂料本身具有运输半径，跨区域产能布局有利于缩短原材料及产成品物流运送半径，降低成本，提升服务响应能力及客户满意度，拓展公司销售区域。2021年公司对莆田生产基地进行技改，同时河北工厂投产，墙面涂料产能同比增长60%，产能充足保障供货及时性，支撑公司未来销售渠道的扩张。宣伟海外庞大渠道体系的核心也依赖于在各地建立的"生产基地—分配中心—下游渠道"一体化供应链。其美洲外的生产基地有47个，分配中心超过10 000个，本地化供应链支撑当地渠道拓展，助力宣伟全球产业布局。

品牌为盾：品质、服务、广告，铸造宽护城河

涂料的消费属性相对较强，品牌效应打开公司长期稳定成长空间。涂料相对于其他消费建材，由于具备实用性（遮盖力与着色度）、装饰性（纹理与色彩）、功能性（持久、除菌等）及环保性（有害物质含量少）等特性，消费属性较强。品质和服务是支撑宣伟品牌忠诚度的支柱，此外，宣伟重视广告宣传，1890年就成立了宣传部门，定位"美国涂料"的中高端品牌形象，通过大规模广告费用投入以及在知名广告平台投放广告强势建立自身品牌影响力。在2021年J.D.Power涂料满意度调查中，宣伟在外墙涂料供应商、外部水漆以及涂料零售商评选中获得第一名。

三棵树通过广告宣传提升品牌知名度，工程零售双轨道发展。近年来，随着下游房地产行业走向集中，三棵树及亚士创能等国内龙头涂企B端业务增速可观，与立邦的市占率差距逐渐缩小。但相较于亚士创能专注于B端业务发展，三棵树注重塑造品牌影响力以布局未来存量市场，广告投入遥遥领先，同时随着媒体发展不断转换广告形式，从最初的在央视、央广及神舟号飞船投放广告树立民族涂企形象，到2022年赞助冬奥会，签约中国短道速滑队等，品牌知名度与认可度不断提升。从美国涂料行业看，宣伟的发展也伴随着大比例广告投入，20世纪90年代末其广告费用率达到顶峰，超过6%（见图5-18），远超可比竞争者PPG。

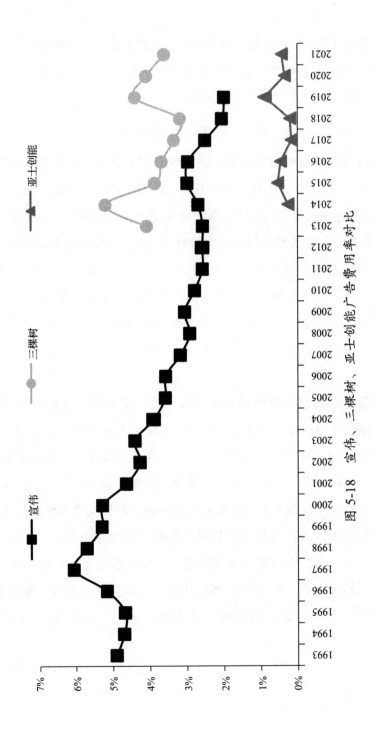

图 5-18 宣伟、三棵树、亚士创能广告费用率对比

C端推出"马上住"渗透一二线城市，优质服务助力提升品牌优势。三棵树的"马上住"O2O服务平台采取"线上订单，线下配送及服务"的服务模式，早期主攻外企未渗透的三四线城市，2021年加大对一二线城市的渗透，2021年底授权网点数量为649家，比上年新增174家，已走进21万个家庭。在工程端业务突飞猛进的同时，公司仍然注重C端业务增长，主要因为：①待开发市场广阔。公司依托立邦、多乐士未覆盖的三四线城市发力打造好口碑，契合一二线城市客户注重品质与效率且更愿意支付服务与品牌溢价的特点，在一二线城市渗透率提升速度快。②强大的服务后台支持。公司线上订单通过系统分流对接当地经销商，实现"1小时接单的响应受理，8小时健康入住"，加强过程管控与结果管控。③对经销商激励与管控到位。经销商的施工队和合作油漆工均要接受3个月的专业化培训，"马上住"客单价较高，约为1万～1.3万元/单，公司只收取材料费用约3000元。

研发创新：环保转型，科技助力

凭借强大的研发实力，宣伟成为20世纪60～80年代美国涂料环保转型排头兵。20世纪70年代美国环保意识提高，涂料生产过程中的污染及行业的环保转型受到重视，对涂料行业造成了较大冲击，为适应新的环保规定，企业的环保成本与研发成本上升。据美国商务部数据，规模以上建筑涂料公司（年销售额大于10万美元）数量由1987年的297家减少至2002年的170家。而此次转型显然对小公司更为不利，其只能寄希望于诉讼以抵制法规，而宣伟等大公司可以凭借强大的研发实力、资金优势，以及渠道推广能力成功转型，并占领小企业的市场份额，行业资源向龙头倾斜。

宣伟以强大的研发能力引导行业发展方向。宣伟一直以涂料技术创新而闻名，1880年发明了全球第一罐成品油漆，自此几乎所有建筑涂料的发明与产品化均由宣伟公司开启，公司每年都推出 20 多种新品，同时重点开发环保涂料。1993 年宣伟成为美国第一家通过 ISO9002 认证的涂料公司，强大的研发能力使宣伟成功打造了自身核心竞争力及品牌龙头形象（见表 5-7）。

表 5-7 宣伟产品创新概览

时间	产品
1875 年	推出首款预拌混合涂料，省去用户现场制作的步骤
1877 年	推出首款可重新密封的包装罐，使得涂料可在一定时间内多次使用
1880 年	发明全球第一罐成品漆
1941 年	推出首款速干型水性乳胶漆 Kem-Tone，在 DIY 市场获得成功
1970 年	推出首款涵盖内外墙涂料的色卡 Beau Monde
1981 年	推出了首款保用 10 年的涂料产品 Super Paint
1993 年	成为美国第一家通过 ISO9002 认证的涂料公司
1996 年	推出第一款耐低温建筑涂料 LowTemp35
1999 年	推出 Twist & Pour 油漆容器，增加了 DIY 用户使用的便利性
2003 年	推出了首款能够附着于塑料的革命性涂装产品
2006 年	推出创新水性涂料 AWX
2015 年	推出首款美国环保局注册、能杀死细菌的涂料产品
2018 年	推出 ColorSnap Visualizer 应用软件，让客户能虚拟试色

资料来源：公司官网。

国内涂料行业未来环保转型仍将深入，功能性产品发展空间广阔。 2018 年中国环保型涂料整体占比 48%，相较于美国（70%）与德国（80%）等欧美国家仍有较大差距。中国涂料工业协会表示，工信部及生态环境部未来会对绿色生产及绿色产品方面达标企业在投融资方面有支持政策。从市场需求看，有除味净味、吸收甲醛、抗菌抗毒、防水保温等附加功能的涂料广受欢迎。

三棵树定位"健康漆"形象，主打产品"健康+"涂料实现 8 小时净味。2018 年公司将 5 项 "健康+" 标准升级至 8 项，是国内第一个通过绿标认证的涂企。2018 年公司 14 支 "健康+" 产品一次通过美国 GreenGuard 金级认证和法国 VOC A+ 认证，5 支内墙乳胶漆产品通过德国蓝天使认证。根据公司公告，目前公司研发向防腐涂料、无机建筑涂料、净味防水涂料、自清洁涂料发力，同时与上游联合攻关乳液自清洁应用，未来发展前景广阔。

三棵树研发储备充足，研发投入高，从规模看显著高于亚士创能，研发费用占收入比重同国内外龙头企业相比均处于领先地位（见图 5-19）。公司拥有世界领先的实验分析测试设备及国家认定的企业技术中心，聘请了诺贝尔化学奖得主斯特拉斯堡大学的杰马里·莱恩教授及中科院院士顾问团开展技术指导，对标宣伟在美国涂料环保转型进程中的表现，随着未来国内环保政策趋严、消费升级，环保及高端涂料产品进入门槛越来越高，公司行业地位有望得到进一步巩固。

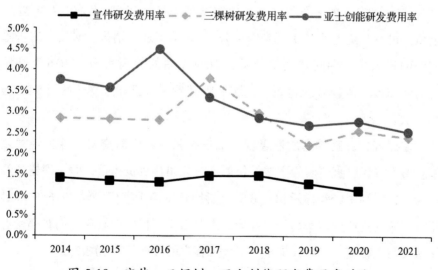

图 5-19 宣伟、三棵树、亚士创能研发费用率对比

资料来源：公司公告。

财务比较：宣伟高净利率成就高 ROE

三棵树 ROE 与国内涂料龙头企业接近，宣伟遥遥领先。三棵树作为本土品牌，ROE 低于宣伟，但高于另一本土品牌亚士创能，同除宣伟外的其余国外涂企接近（见图 5-20）。2015 年与 2016 年宣伟由于并购支出增多加杠杆使得 ROE 突增，其余年份 ROE 稳定在 40% 及以上，在全球龙头涂企中居于前列，盈利能力强。宣伟的业务结构和三棵树类似，均将涂料业务作为主营业务且建筑涂料业务比重大。美国涂料产业发展史较国内更长，以宣伟的发展历史为鉴，可解析两者高 ROE 背后的核心支撑因素并探索三棵树未来发展机会。

盈利水平：高费用投入与高利润率形成正向循环。宣伟经过长期发展，净利率中枢已达到 10% 左右，一方面公司收入规模大、渠道稳定，具有较大的定价权以及采购成本优势，另一方面，公司通过高费用投入（期间费用率长期保持在 30%～35%）维持渠道与品牌的稳定性，支撑公司持续的高水平净利率。三棵树净利率最高在 8% 左右，与海外涂企相比仍有一定差距，主要是因为公司 2014 年来在销售、研发、广告等方面的投入多，期间费用率维持在 30% 左右的较高水平，2016 年开始公司前期投入规模效应显现，销售及管理费用率开始下降（见图 5-21 与图 5-22）。

营运能力：宣伟高质量经营，工程端客户占比高拖累三棵树经营效率。由于宣伟以直营店为主要销售渠道，公司存货负担重，而三棵树以经销为主，库存由经销商承担，故其存货周转率高于宣伟。但 2016～2021 年宣伟流动资产周转率高于三棵树，主要由于三棵树应收账款周转率受近年来公司工程端客户增长拖累，工程端客户的账期长（见图 5-23）。

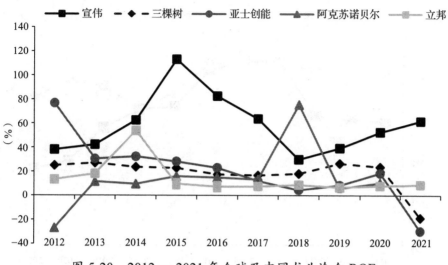

图 5-20 2012～2021 年全球及中国龙头涂企 ROE

资料来源：Wind。

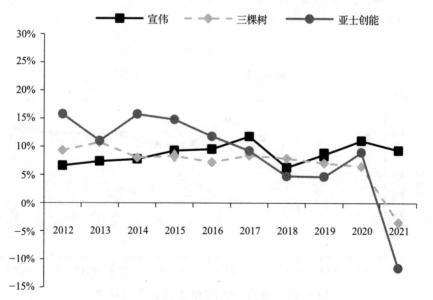

图 5-21 2012～2021 年全球龙头涂企净利率

资料来源：公司公告、Bloomberg。

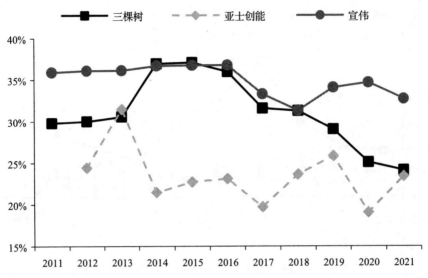

图 5-22　2011～2021 年亚士创能、宣伟与三棵树期间费用投入比率高

注：宣伟期间费用 = 销售及一般行政管理费用 + 研发费用 + 其他营业支出 + 财务费用；财务费用 = 利息支出 - 利息收入 + 汇兑损失。

资料来源：公司公告、Bloomberg。

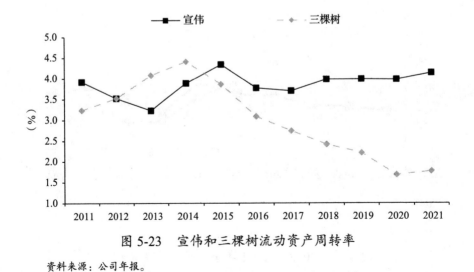

图 5-23　宣伟和三棵树流动资产周转率

资料来源：公司年报。

杠杆水平：宣伟利用低息环境充分加杠杆，三棵树财务灵活度较高。宣伟信用等级高，融资成本显著低于国内龙头三棵树，充分利用融资优势加杠杆，不断优化资本结构。为了完成对威士伯的收购，公司 2016 年提前偿还了部分债务，2017 年发行了价值 60 亿美元的票据，在完成对威士伯的收购的同时又借入 20 亿美元的定期贷款，在收购大幅增加公司资产的背景下，2017 年公司资产负债率仍有提升。三棵树 2017 年以前杠杆率一直维持在较低水平，较低的杠杆率为公司未来融资扩张提供灵活性，2017 年以来公司不断提升杠杆水平，但从融资成本来看，三棵树要高于宣伟。截至 2021 年底，三棵树资产负债率为 83%，宣伟资产负债率为 88%（见图 5-24 和图 5-25）。

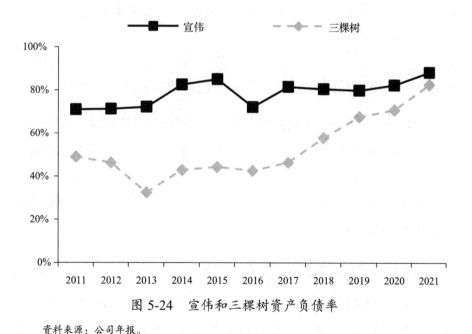

图 5-24　宣伟和三棵树资产负债率

资料来源：公司年报。

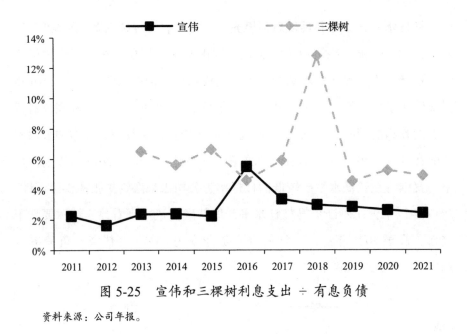

图 5-25　宣伟和三棵树利息支出 ÷ 有息负债

资料来源：公司年报。

5.2.3　立邦对标研究：立足亚洲的世界涂料品牌

立邦涂料是亚洲最大的涂料企业，通过母公司日涂控股（上市代码：4612.T）间接控制了立邦在中国、新加坡、马来西亚、泰国等国的涂料业务，通过"生存挑战"战略、"N-20"计划等逐步成为不断创造新价值的全球领先公司。自 1992 年进入中国后，立邦一跃成为中国国内建筑涂料领军品牌并延续至今。

母公司日涂控股推陈出新，稳坐亚洲头把交椅

2021 年日涂控股启动新的三年中期计划（2021～2023 财年），计划通过数字化经营改革、供应链改革及积极收购，在 2023 年实现收入 11 000 亿日元，营业利润达 1400 亿日元。由于 2021 年经营良好，公司实现收入 9983 亿日元。

亚洲地区是公司主要销售市场，以建筑涂料销售为主。日涂控股于 2021 年实现营收 9983 亿日元（约合 553 亿元人民币），营收规模位列亚洲第一，世界第四。其主要市场为日本、中国、泰国、马来西亚、新加坡等亚洲国家，2021 年亚洲（不含日本）销售额为 5302 亿日元（约合 294 亿元人民币），占公司营收的 53%（见图 5-26）。从其产品结构来看，2021 年建筑涂料销售额达到 6071 亿日元（约合 336 亿元人民币），占比 61%，是公司最主要的产品类别；汽车涂料销售额达 1327 亿日元（约合 74 亿元人民币），占比 13%；工业涂料销售额达 848 亿日元（约合 47 亿元人民币），占比 9%；其他涂料业务销售额为 990 亿日元（约合 55 亿元人民币），占比 10%；清洗剂等精密化学品销售额为 164 亿日元（约合 9 亿元人民币），占比 2%；另有其他收入 583 亿日元（约合 32 亿元人民币），占比 6%（见图 5-27）。

立邦中国：日涂系下的成功典范

目前日涂控股主要控股位于上海、广州、成都、香港、台湾的五家合资公司。一般我们将立邦在中国全部的业务体系称为"立邦中国"，而本书中的立邦（中国）专指注册于上海的主体公司。立邦自 1992 年进入中国以来，通过渠道布局、品牌升级、工厂优化和并购外延，现已成为中国涂料行业的领导品牌（见图 5-28）。

1）1992～1998 年，立邦正式进入中国，进行终端铺货，并于 1997 年成为国内涂料市场产销量冠军。在该阶段，立邦的营销策略是在所有建材店进行密集铺货，将乳胶漆产品通过建材店终端推向市场，同时，通过电视广告等媒体的大量宣传，让消费者逐步了解并购买乳胶漆。

2）1999～2005 年，立邦中国完成销售终端布局，建立了 200 余个形象统一、产品可控的涂料专卖店，从而改变了涂料代理商素质低、品种杂的终端环境。

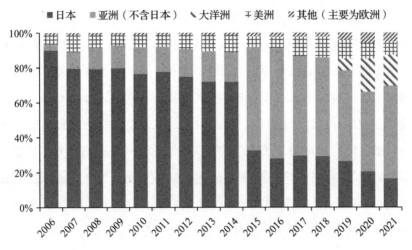

图 5-26　2006～2021 年日涂控股营收区域构成

注：公司 2017 年开始采用 IFRS 准则，此前均为日本会计准则。
资料来源：Bloomberg。

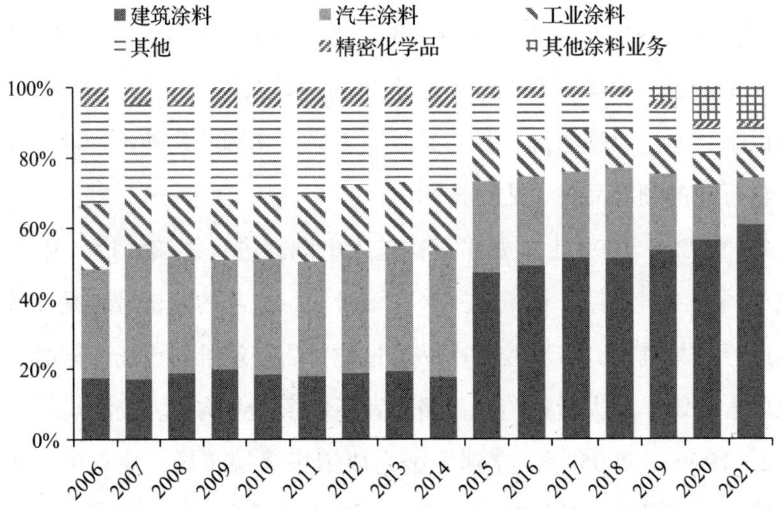

图 5-27　2006～2021 年日涂控股营收产品构成

资料来源：Bloomberg。

1995年
于廊坊成立廊坊立邦涂料有限公司，推出在中国生产的第一款美得丽内墙漆

2004年
成立汽车涂料事业部与一般工业涂料事业部

2008年
于上海成立凯柏立邦汽车涂料（上海）有限公司

2011年
进行单位重组，分别建立建筑涂料事业群（TU）及工业涂料群（IU），推出刷新服务，向全方位服务商转变

2017年
启动常熟、邓喇、清远等多个区域生产基地与恒大集团、京东、华耐家居等多家公司达成战略合作

2021年
全面整合中国汽车涂料业务，合并子公司

1992年
进入中国，于上海成立立邦涂料（中国）有限公司，将永得丽与美得丽引进中国销售

2001年
于广州成立广州立邦涂料有限公司，获得国家环保局中国环境标志产品认证

2005年
于成都成立立邦涂料（成都）有限公司

2009年
获得中国驰名商标认定，发起"为爱上色"计划，计划在3年内为100所希望小学免费涂刷外墙

2014年
创新线上渠道，将产品与服务结合为单独的SKU，独家冠名东方卫视家装改造节目《梦想改造家》

2018年
建立TU/IU事业群全网站，开展网络服务

图 5-28 立邦在中国的发展历程

资料来源：公司官网、天风证券研究所。

3）2006～2010年，立邦中国开始落实2005年提出的"531计划"，即在2006～2010年的5年时间里，在全国建立3000家零售网络专卖店，每家每年零售额达到100万元，即销售额达到30亿元。同时引入曾在康师傅任职的钟中林等高管，将涂料视同快消品开展销售，从而奠定了中国市场在日涂全球市场中的龙头地位。

4）2011年至今，立邦中国开始进行内部重组，分别建立了建筑涂料事业群（TU）及工业涂料事业群（IU）两个独立运作单位。此外，立邦中国在常熟、昆明等地建立了多个区域生产基地，开始了进一步扩展"版图"的步伐。2017年立邦收购长润发并新成立了家具漆事业部。2021年立邦全面整合了中国汽车涂料业务并合并子公司，同时在新三年中期计划中提到要大幅增加中国汽车漆的市场份额。

立邦业务范围广泛，通过收购、兼并等方式合并了包括秀珀、欧龙、长润发等国产家具漆、木器漆、汽车涂料等品牌公司，丰富了公司产品线，但很少收购国内本土建筑涂料品牌。截至2022年2月，立邦中国拥有14个主要的业务部门，按照用途可主要分为建筑涂料和工业涂料两大类，即根据建筑涂料事业群（TU）及工业涂料事业群（IU）进行具体设置。

2021年建筑涂料占立邦中国收入比重的82%，同比增速高达44.7%，2022年目标增速为10%～15%。2015年以来，中国作为立邦在亚洲地区的核心市场，每年的营收规模占亚洲地区（不包含日本）的70%以上，因此立邦中国的营收情况很大程度上决定了立邦在亚洲地区的整体销售情况，其市场占有率也具有较强代表性。2021年立邦中国全年实现营收221.7亿元，同比增长41.4%，其中建筑涂料、汽车涂料、工业涂料收入分别为182.7亿、22.5亿、15.0亿元，同比分别增长44.7%、20.8%、41.8%，建筑涂料占全部收入比重达到82%，汽车涂料、工业涂料分别占10%、7%（见图5-29和图5-30）。

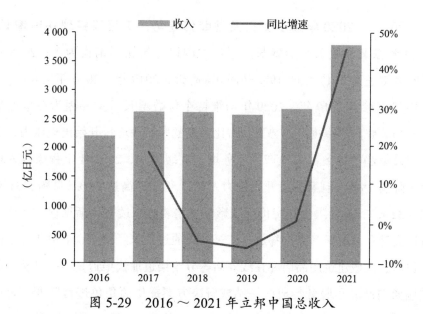

图 5-29 2016～2021 年立邦中国总收入

资料来源：Bloomberg。

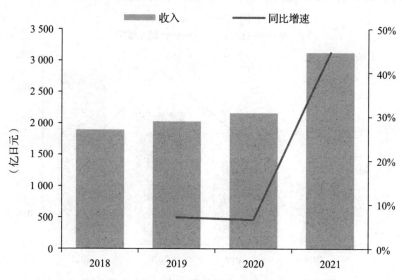

图 5-30 2018～2021 年立邦中国建筑涂料收入

资料来源：Bloomberg。

2019～2020年顺应集采及精装修趋势，工程漆实现快速增长，2021年家装漆收入加速增长。 立邦中国以建筑涂料销售为主，2018年总收入增速从2017年的19%跌回0%附近，2019年、2020年增长疲软，其中建筑涂料2019年、2020年均维持个位数增长，主要因为在地产集采＋精装修渗透率提升趋势下，占比最高的家装漆增长开始出现压力，受地产政策趋严导致头部地产商业务增长放缓影响，2021年工程漆收入增速下降至29%，但家装漆开始发力，2021年增速高达35%（见图5-31和图5-32），一是受限价和房价下跌影响，精装修渗透率逐渐见顶，毛坯房占比提升存量更新等需求释放，二是公司通过独家经销商、油漆店、室内承包商、大型建筑用品店和在线商店等分销渠道加快渠道拓展，且从产品供应商向产品和服务集成的一站式解决方案提供商角色进行转变。公司2021年家装漆收入首次突破100亿元，达到104亿元，并制定了2023年家装漆收入达到200亿元的目标，家装漆市场有望开始发力。

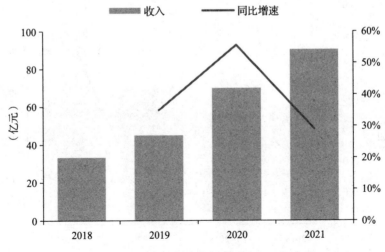

图5-31　2018～2021年立邦中国工程漆收入

资料来源：公司公告。

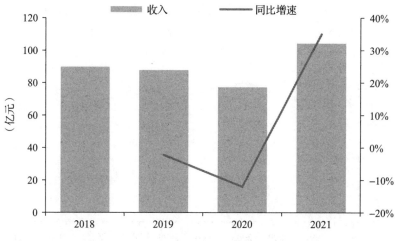

图 5-32　2018～2021 年立邦中国家装漆收入

资料来源：公司公告。

立邦中国的营业收入占日涂控股比重达 38%，且与日涂控股在亚洲其他国家的模式存在趋同，因此我们将日涂控股的主要盈利指标与三棵树和亚士创能进行了简要对比。从毛利率来看，立邦中国的稳定性更强，且盈利中枢在逐步提升，但费用率近几年也呈现快速增长的趋势，公司 ROE 低于国内企业，主要受总资产周转率和杠杆水平拖累。

（1）毛利率与费用率　在保持收入规模排名世界前列的同时，1995 年以来，日涂控股毛利率基本稳定在 30% 以上（除 2009 年因金融危机下降至 29.55%），且呈现出阶段性上升态势。2016 年毛利率达到 1994 年以来的最高值 41.69%，2016～2021 年均维持在 38% 以上。2021 年受原材料价格上涨影响，毛利率下滑至 37.9%，同比下降 3.5 个百分点，而三棵树和亚士创能 2021 年分别下降 7.8 和 8.5 个百分点至 26.1% 和 24.0%，日涂控股盈利的稳定性更强（见图 5-33）。从费用率来看，2015 年之前整体维持稳中有降的趋势，明显低于三棵树，但在 2016 年之后，日涂控股的费用率出现上涨，估计与公司加快全球化布局有关（见图 5-34）。

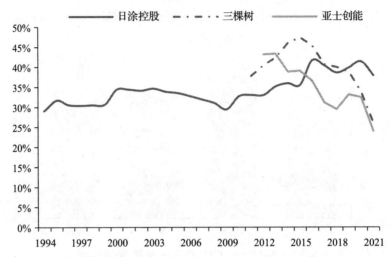

图 5-33　1994~2021 年日涂控股、三棵树、亚士创能毛利率比较

资料来源：Bloomberg、Wind。

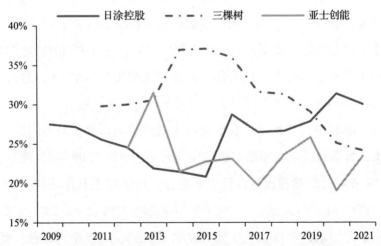

图 5-34　2009~2021 年日涂控股、三棵树、亚士创能期间费用率比较

注：日涂控股期间费用＝销售及一般行政管理费用＋研发费用＋其他营业支出＋财务费用；财务费用＝净利息支出＋汇兑损失

资料来源：Bloomberg、Wind。

（2）ROE 与杜邦拆分　从 ROE 来看，日涂控股的 ROE 水平一般在 10% 上下波动，2016 年以后大多数时间在 10% 以内，低于三棵树及亚士创能的水平（见图 5-35）。从净利率来看，除了 2015 年日涂控股因收购亚洲地区的合资企业而产生约 1488 亿日元（约合 80 亿元人民币）的投资收益，导致净利率上升到 69.6%，在近年其余时段，公司净利率水平基本稳定在 6%～9%，三家企业差别不大（见图 5-36）。2021 年三棵树、亚士创能受到房地产客户信用危机的影响，计提了大额的减值损失，导致净利润为负值，立邦 2021 年仅计提 2 亿元房企客户的坏账，2022 年坏账金额约 7 亿元人民币，对净利率将造成一定影响。日涂控股的资产周转率及资产负债率明显低于其他两家企业，是导致 ROE 水平低的主要原因。

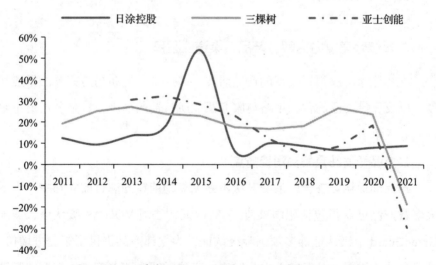

图 5-35　日涂控股、三棵树、亚士创能 ROE 比较

资料来源：Bloomberg、Wind。

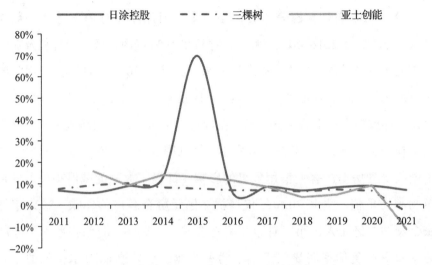

图 5-36　日涂控股、三棵树、亚士创能净利率比较

资料来源：Bloomberg、Wind。

立邦核心竞争力拆解：产品、渠道、品牌

立邦注重解决消费痛点的产品研发，多层次工厂布局与完善的渠道建设，以及凭借灵活的营销策略与服务赋能所打造的品牌力，是公司最主要的核心竞争力。

1. 产品开发注重解决消费痛点

产品环保认证齐全，消费升级不断完善功能审美。目前立邦中国旗下大多数产品已获得包括德国莱茵 TÜV 认证、法国 VOC A+ 级认证、美国 GreenGuard 金级认证等多项国际级认证，为立邦产品提供了第三方增信。从产品功能来看，公司进入中国以来一直注重解决消费痛点，依据"基础功能–净味功能–艺术审美"等属性不断推出涂料新品。从性价比高、受众面广的净味 120 系列到功能全面的原生植萃系列，立邦中国实现了产品从低端到高端的全覆盖。与三棵树相比，立邦中国将销售重心更多地放在

了中低端产品线上,而原生植萃等高端产品则主要用于引领及展示其研发工艺,从而形成了金字塔形的价格体系(见表5-8)。

表5-8 2021年立邦中国在售产品系列概览

产品分类	功能特点	价格区间
时时丽	抗碱、黏附力好、施工容易	80~100元
净味120系列	加倍防霉、优质抗碱、超强弹张力	200元左右
荷净全效系列	耐擦洗、净味抗碱	250~300元
墙面卫士系列	封闭性好、有效防霉抗碱、附着力好	250~300元
抗甲醛净味全效系列	弥盖细微裂痕、强效防霉	350~450元
竹炭瓷净系列	抗菌净味、净化甲醛	550~850元
竹炭抗甲醛系列	抗菌抗污、净化甲醛	600~1000元
儿童漆系列	净化甲醛、抗污、个性化配色	1000~1300元
原生植萃系列	功能全效、植物基成分、抗菌抗甲醛	1500元以上

资料来源:公司官方商城、天猫商城。

国产品牌涂料三棵树的价格体系更接近长方形,各个产品系列在价格分布上比较均匀,容易满足国内不同消费群体的需求。

2. 持续进行研发投入,为产品力保驾护航

日涂控股重视研发创新,2015~2020年日涂控股在亚洲地区的研发费用占营收比重持续保持在2.5%左右,三棵树在经历了前期高投入之后,近几年有所回落,2020年两者基本持平(见图5-37)。考虑到立邦中国超过百亿元的收入规模,维持该研发费用率水平并不容易。此外,立邦中国还与华东理工大学通过"产学研"联合,进行长期稳定的合作,以提升技术研发能力并加速科技成果转化。日涂控股早在上海建设了立时集团研发中心,2020年再次在上海设立立邦亚太研究中心,未来还计划在香港建立研发基地,并与大学和研究机构开展技术合作。

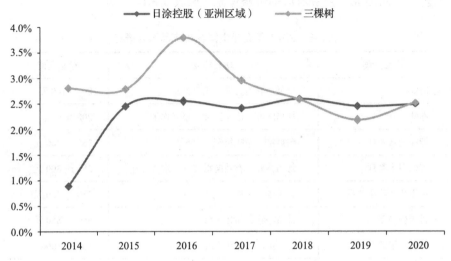

图 5-37　2014～2020 年日涂控股亚洲区域与三棵树研发费用率对比

资料来源:Bloomberg。

3. 渠道、工厂与市场布局高度匹配

在涂料产品销售方面,立邦中国在渠道上实行区域制多层级分销策略。 公司将全国分为八大区,各大区设有专门的渠道建设部门,主要针对代理商和战略性客户两种渠道。在代理商方面,立邦中国采用密集型分销渠道策略,采取专卖与批发相结合的双分销策略,由代理商主要负责专卖产品的经营管理,立邦中国主要负责批发的渠道开发。与国内本土涂料公司相比,立邦中国经销商层级更多,因此部分摊薄了渠道利润,但带来了薄利多销的结果。

截至 2021 年底,立邦在中国大陆地区拥有 2420 家专卖店(主要省份专卖店分布参见图 5-38)、超过 58 000 家门店的庞大销售网络,并逐渐往三四线城市渗透。此外,立邦中国还设立了 190 个立邦涂装中心、132 个立邦家居旗舰店等。立邦中国不同事业部也设立了不同专卖店，独立经营，比如单独设立厨卫店 3698 家，除此之外，另有专卖店（自营）2420 家，金牌店（授权）19432 家，以及其他店 687 家（见图 5-39）。而截至 2021 年末，国内本土品牌企业三棵树有 20000 多个 C 端网点，主要集中在三四线城市，"马上住"服务授权网点 649 个，与立邦的零售网点布局仍有一定差距。

在从生产商向服务商转型的过程中，立邦中国将销售和服务深度下沉到终端消费者层面。 线上渠道方面，立邦中国拓展了其产品系列在电商渠道的展示。2010 年立邦官方商城启动线上销售，2011 年立邦在天猫开设官方旗舰店。尽管均以官方店铺的面貌出现，但立邦中国并不直接参与线上销售，而是只扮演中介角色，为经销商搭建平台。线上产生的订单按照消费者所在区域进行分配，由相应区域的经销商负责终端配送，立邦中国要求经销商送货上门以真实了解消费者需求。这个过程中使用的是经销商的存货，最终扣除成本后的利润也属于经销商，且同款产品的线上与线下价格基本相同。因此，立邦中国的电商渠道几乎不存在本地涂料公司存在的线上与线下渠道的利益冲突，同时也带来了更高的客户满意度。

生产是立邦涂料的发展基础，立邦中国通过将工厂分级和合理区域布局，使得工厂离终端市场更近。 截至 2021 年底，立邦在中国拥有超过 70 个生产基地（含在建和拟建），这些工厂按照层级被划分为综合性工厂、区域性工厂和专业性工厂三个等级，其中综合性工厂主要位于上海、广州、成都、苏州和咸宁等一线城市及二线重点城市。而国内本土涂企，以三棵树为例，截至 2021 年底在全国设有 13 个生产基地（含在建），与立邦相比在区域和规模上仍有较大发展空间。

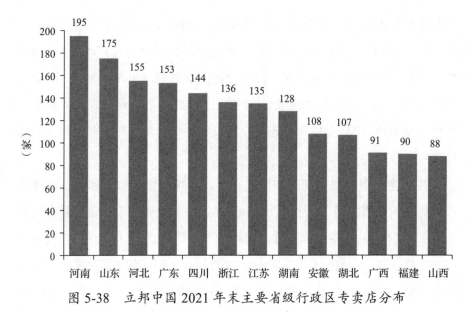

图 5-38　立邦中国 2021 年末主要省级行政区专卖店分布

资料来源：公司官网。

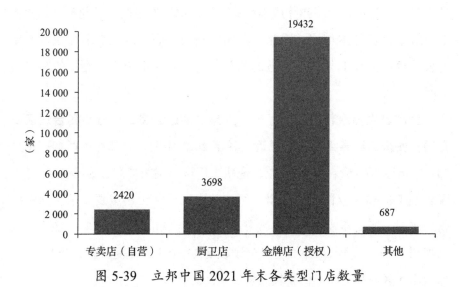

图 5-39　立邦中国 2021 年末各类型门店数量

资料来源：公司官网。

立邦 2016 年开始加大资本支持，持续加码中国地区新基地建设。自 2018 年 2021 年末，立邦已在华投资实施了高达 30 多个项目，项目资本投资和规划产能规模创纪录，全部项目计划总投资超过 400 亿元，全部项目投产后将新增涂料产能超过 700 万吨（含建筑涂料、汽车涂料、木器涂料等，不含砂浆、粉料、腻子粉等产能）。此外，立邦还在全国各地布局腻子粉、砂浆、保温装饰一体板等工厂。

立邦中国人均创收约是三棵树的两倍。截至 2021 年底，日涂控股共有员工 37 090 人，其中立邦中国的员工数量为 9858 人（占比 26.6%）。2021 年底三棵树在职员工总数为 10 339 人，略超过立邦中国，亚士创能 5061 人，约是立邦中国的一半（见图 5-40）。人均创收方面，立邦中国约为 225.2 万元，三棵树约为 110.54 万元，亚士创能约为 93.17 万元（见图 5-41）。

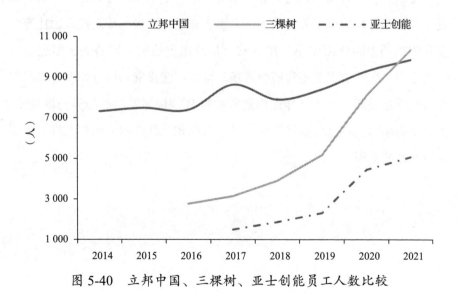

图 5-40　立邦中国、三棵树、亚士创能员工人数比较

资料来源：公司公告、企业社会责任报告。

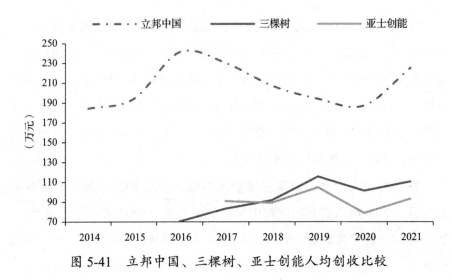

图 5-41　立邦中国、三棵树、亚士创能人均创收比较

资料来源：公司公告、企业社会责任报告。

总结来看，目前三棵树、亚士创能等国内本土涂企在渠道、广告、研发、产能等方面均做了大量投入，专卖店数量、广告与研发投入占比等与立邦中国的差距逐渐缩小，在 B 端已呈现出更快的发展势头，但也应认识到在一二线城市主要零售消费市场、自主产能投资和综合性业务布局方面仍然存在差距。未来几年国内建筑涂料 B 端快速发展的趋势仍将延续，本土涂料品牌也将借助新增产能、渠道布局和品牌影响力的扩大进一步缩小与外资的差距。

参考文献

[1] 鲍荣富，方晏荷，王涛，等. 建筑周期估值及竞争格局变迁 [M]. 北京：中国金融出版社，2021.

[2] 陈素梅. 中国工业低碳发展的现状与展望 [J]. 城市，2022（1）：63-69.

[3] 邓超明. 立邦：中国成功之路 [J]. 时代经贸，2009（9）：68-72.

[4] 克拉克森. 2021年全球海上风电市场年终回顾与2022年全球海上风电市场展望 [J]. 珠江水运，2022（6）：64-66.

[5] 李昊. 建筑给水系统管道保温材料的选择分析 [J]. 四川水泥，2020（11）：81-82.

[6] 林刚，CINTE21. 构建"硬科技"优势——2021全球碳纤维复合材料市场报告 [J]. 纺织科学研究，2022，208（Z1）：46-66.

[7] 刘国龙，关巍，高远. TCO玻璃的应用及制备方法 [J]. 安阳工学院学报，2010，9（2）：28-30，42.

[8] 马小红. 大型LNG储罐绝热材料及应用 [D]. 兰州：兰州理工大学，2012.

[9] 宁莉，杨绍昌，冷悦，等. 先进复合材料在飞机上的应用及其制造技术发展概述 [J]. 复合材料科学与工程，2020（5）：123-128.

[10] 瑚佩，姜勇刚，张忠明，等. 耐高温、高强度隔热复合材料研究进展 [J]. 材料导报，2020，34（7）：7082-7090.

[11] 秦颖，梁广. 我国建筑绝热节能材料现状及趋势研究 [J]. 硅酸盐通报，2018，37（12）：3849-3853.

[12] 孙诗兵，等. 建筑保温材料性能及其表征方法 [M]. 北京：化学工业出版社，2017.

[13] 王小路，黄晋，张友寿，等. 耐火保温材料现状及发展 [J]. 耐火材料，2016，50（1）：75-80.

[14] 张兰芳，李京军，王萧萧. 建筑材料 [M]. 北京：中国建材工业出版，2021.

[15] 郑其俊. 绝热材料的发展与应用 [J]. 新型建筑材料，2002（6）：44-47.

推荐阅读

序号	中文书号	中文书名	定价
1	69645	敢于梦想：Tiger21创始人写给创业者的40堂必修课	79
2	69262	通向成功的交易心理学	79
3	68534	价值投资的五大关键	80
4	68207	比尔·米勒投资之道	80
5	67245	趋势跟踪（原书第5版）	159
6	67124	巴菲特的嘉年华：伯克希尔股东大会的故事	79
7	66880	巴菲特之道（原书第3版）（典藏版）	79
8	66784	短线交易秘诀（典藏版）	80
9	66522	21条颠扑不破的交易真理	59
10	66445	巴菲特的投资组合（典藏版）	59
11	66382	短线狙击手：高胜率短线交易秘诀	79
12	66200	格雷厄姆成长股投资策略	69
13	66178	行为投资原则	69
14	66022	炒掉你的股票分析师：证券分析从入门到实战（原书第2版）	79
15	65509	格雷厄姆精选集：演说、文章及纽约金融学院讲义实录	69
16	65413	与天为敌：一部人类风险探索史（典藏版）	89
17	65175	驾驭交易（原书第3版）	129
18	65140	大钱细思：优秀投资者如何思考和决断	89
19	64140	投资策略实战分析（原书第4版·典藏版）	159
20	64043	巴菲特的第一桶金	79
21	63530	股市奇才：华尔街50年市场智慧	69
22	63388	交易心理分析2.0：从交易训练到流程设计	99
23	63200	金融交易圣经II：交易心智修炼	49
24	63137	经典技术分析（原书第3版）（下）	89
25	63136	经典技术分析（原书第3版）（上）	89
26	62844	大熊市启示录：百年金融史中的超级恐慌与机会（原书第4版）	80
27	62684	市场永远是对的：顺势投资的十大准则	69
28	62120	行为金融与投资心理学（原书第6版）	59
29	61637	蜡烛图方法：从入门到精通（原书第2版）	60
30	61156	期货狙击手：交易赢家的21周操盘手记	80
31	61155	投资交易心理分析（典藏版）	69
32	61152	有效资产管理（典藏版）	59
33	61148	客户的游艇在哪里：华尔街奇谈（典藏版）	39
34	61075	跨市场交易策略（典藏版）	69
35	61044	对冲基金怪杰（典藏版）	80
36	61008	专业投机原理（典藏版）	99
37	60980	价值投资的秘密：小投资者战胜基金经理的长线方法	49
38	60649	投资思想史（典藏版）	99
39	60644	金融交易圣经：发现你的赚钱天才	69
40	60546	证券混沌操作法：股票、期货及外汇交易的低风险获利指南（典藏版）	59
41	60457	外汇交易的10堂必修课（典藏版）	49
42	60415	击败庄家：21点的有利策略	59
43	60383	超级强势股：如何投资小盘价值成长股（典藏版）	59
44	60332	金融怪杰：华尔街的顶级交易员（典藏版）	80
45	60298	彼得·林奇教你理财（典藏版）	59
46	60234	日本蜡烛图技术新解（典藏版）	60
47	60233	股市长线法宝（典藏版）	80
48	60232	股票投资的24堂必修课（典藏版）	45
49	60213	蜡烛图精解：股票和期货交易的永恒技术（典藏版）	88
50	60070	在股市大崩溃前抛出的人：巴鲁克自传（典藏版）	69
51	60024	约翰·聂夫的成功投资（典藏版）	69
52	59948	投资者的未来（典藏版）	80
53	59832	沃伦·巴菲特如是说	59
54	59766	笑傲股市（原书第4版·典藏版）	99

推荐阅读

序号	中文书号	中文书名	定价
55	59686	金钱传奇：科斯托拉尼的投资哲学	59
56	59592	证券投资课	59
57	59210	巴菲特致股东的信：投资者和公司高管教程（原书第4版）	99
58	59073	彼得·林奇的成功投资（典藏版）	80
59	59022	战胜华尔街(典藏版)	80
60	58971	市场真相：看不见的手与脱缰的马	69
61	58822	积极型资产配置指南：经济周期分析与六阶段投资时钟	69
62	58428	麦克米伦谈期权（原书第2版）	120
63	58427	漫步华尔街（原书第11版）	56
64	58249	股市趋势技术分析（原书第10版）	168
65	57882	赌神数学家：战胜拉斯维加斯和金融市场的财富公式	59
66	57801	华尔街之舞：图解金融市场的周期与趋势	69
67	57535	哈利·布朗的永久投资组合：无惧市场波动的不败投资法	69
68	57133	憨夺型投资者	39
69	57116	高胜算操盘：成功交易员完全教程	69
70	56972	以交易为生（原书第2版）	36
71	56618	证券投资心理学	49
72	55876	技术分析与股市盈利预测：技术分析科学之父沙巴克经典教程	80
73	55569	机械式交易系统：原理、构建与实战	80
74	54670	交易择时技术分析：RSI、波浪理论、斐波纳契预测及复合指标的综合运用（原书第2版）	59
75	54668	交易圣经	89
76	54560	证券投机的艺术	59
77	54332	择时与选股	45
78	52601	技术分析（原书第5版）	100
79	52433	缺口技术分析：让缺口变为股票的盈利	59
80	49893	现代证券分析	80
81	49646	查理·芒格的智慧：投资的格栅理论（原书第2版）	49
82	49259	实证技术分析	75
83	48856	期权投资策略（原书第5版）	169
84	48513	简易期权（原书第3版）	59
85	47906	赢得输家的游戏：精英投资者如何击败市场（原书第6版）	45
86	44995	走进我的交易室	55
87	44711	黄金屋：宏观对冲基金顶尖交易者的掘金之道（增订版）	59
88	44062	马丁·惠特曼的价值投资方法：回归基本面	49
89	44059	期权入门与精通：投机获利与风险管理（原书第2版）	49
90	43956	以交易为生II：卖出的艺术	55
91	42750	投资在第二个失去的十年	49
92	41474	逆向投资策略	59
93	33175	艾略特名著集（珍藏版）	32
94	32872	向格雷厄姆学思考，向巴菲特学投资	38
95	32473	向最伟大的股票作手学习	36
96	31377	解读华尔街（原书第5版）	48
97	31016	艾略特波浪理论:市场行为的关键（珍藏版）	38
98	30978	恐慌与机会：如何把握股市动荡中的风险和机遇	36
99	30633	超级金钱（珍藏版）	36
100	30630	华尔街50年（珍藏版）	38
101	30629	股市心理博弈（珍藏版）	58
102	30628	通向财务自由之路（珍藏版）	69
103	30604	投资新革命（珍藏版）	36
104	30250	江恩华尔街45年（修订版）	36
105	30248	如何从商品期货贸易中获利（修订版）	58
106	30244	股市晴雨表（珍藏版）	38
107	30243	投机与骗局（修订版）	36